SÉRIES — O LIVRO

Jacqueline Cantore e Marcelo Rubens Paiva

Séries — O livro

De onde vieram e como são feitas

Copyright © 2021 by Jacqueline Cantore e Marcelo Rubens Paiva

Grafia atualizada segundo o Acordo Ortográfico da Língua Portuguesa de 1990, que entrou em vigor no Brasil em 2009.

Capa e imagem
Helena Hennemann / Foresti Design

Imagem da p. 171
© 2015 Thanassi Karageorgiou

Preparação
Julia Passos

Revisão
Clara Diament
Ana Luiza Couto

Dados Internacionais de Catalogação na Publicação (CIP)
(Câmara Brasileira do Livro, SP, Brasil)

Cantore, Jacqueline
Séries — O livro : De onde vieram, como são feitas e
por que amamos / Jacqueline Cantore e Marcelo Rubens
Paiva. — 1ª ed. — Rio de Janeiro : Objetiva, 2021.

Bibliografia.
ISBN 978-85-470-0122-3

1. Séries de televisão 2. Séries de televisão — História
e crítica 3. Séries de televisão — Roteiros I. Paiva, Marcelo
Rubens. II. Título.

20-52757   CDD-791.457

Índice para catálogo sistemático:
1. Séries de televisão : História e crítica :
Recreação   791.457

Cibele Maria Dias – Bibliotecária – CRB-8/9427

[2021]
Todos os direitos desta edição reservados à
EDITORA SCHWARCZ S.A.
Praça Floriano, 19, sala 3001 — Cinelândia
20031-050 — Rio de Janeiro — RJ
Telefone: (21) 3993-7510
www.companhiadasletras.com.br
www.blogdacompanhia.com.br
facebook.com/editoraobjetiva
instagram.com/editora_objetiva
twitter.com/edobjetiva

Sumário

Introdução 7

1. Senta que lá vem série 15
2. Mapeando a série 68
3. Dinâmica da criação 125
4. Desenvolvimento 163

Apêndices 193
Referências bibliográficas 203
Sobre os autores 205

Introdução

THE LONG AND WINDING ROAD
Jacqueline Cantore

A euforia na produção de séries de TV é generalizada e contagiante já faz alguns anos. Nos Estados Unidos, personagens complexos, sutis e de moralidade dúbia em enredos brilhantes proporcionaram, para taxonomia da imprensa americana, a terceira "era de ouro". Com um número de plataformas de distribuição crescente e produções originais que praticamente dobraram desde 2009, a era virou "Peak TV", e já foi até rebaixada para apenas uma era "dourada", correndo o risco de exaustão narrativa. Enquanto isso, no Brasil, e em tosca comparação, o mercado criado a partir das leis e programas de incentivo à produção televisiva proporcionou só uma "corrida do ouro" que nunca chegou a amadurecer, tanto em termos criativos quanto financeiros. Ainda há a mesma euforia, causada mais pelos modelos de negócios do que por grandes ideias ou roteiros geniais. Nosso mercado, em ebulição há anos e com o eterno potencial de se tornar indústria, não o faz por pura incapacidade empreendedora e profissional.

Nunca se discutiu tanto o processo criativo, nunca se criaram tantas escolas e cursos especializados, nunca se quis tanto melhorar a qualidade do que se produz. Os artigos de lei e linhas de financiamento foram cruciais para que o cenário de televisão por assinatura do país começasse a mudar, mas só teremos eficácia industrial como a americana e variedade de opções quando canais e criadores tiverem o mesmo comprometimento criativo para alimentar o consumo contínuo e a produção sustentável. Produziu-se barato para cumprir cotas e caro porque se podia — nada que sustente um mercado que vive de assinantes, audiência, produtos que geram negócios e formatos que viram franquias.

Motivada por minha experiência como executiva de canais de televisão, criei, em parceria com a produtora Panorâmica e os Canais Globo, o que imaginei que seria um importante passo para o amadurecimento do mercado de séries de ficção. No início de 2013, lançamos um evento anual exclusivamente para roteiristas de TV, o Programa Globosat de Roteiristas, em que criadores de séries de sucesso vinham ao Brasil para compartilhar suas experiências consagradas e um pouco de seu legado e processos criativos. O erro mais comum no Brasil até então era esperar que, no primeiro dia de trabalho, roteiristas começassem a escrever o primeiro episódio de uma série. Um convite ao fracasso: sem parâmetro de onde vai a história, do que é bom, do que é engraçado ou do que emociona, o roteirista trabalhava sozinho, paralisado, diretamente em um episódio. E só depois de enviar seu roteiro para um diretor, produtor ou canal é que recebia algum comentário — muitas vezes ambíguo, como "não era bem isso". Com a urgência de entrega e financiamento garantido, a qualidade da história geralmente ficava em segundo plano.

Criar uma série não é um processo linear, não acontece da noite para o dia, e só avança com cabeças diferentes pensando ao mesmo tempo — em salas de roteiro, onde não se escreve, mas se trabalha para que a história fique (oralmente) de pé. Esse é um lugar onde há um olhar crítico coletivo. Experiências de vida variadas geram histórias diversas e verdadeiras, e as ideias que não servem para o grupo, comprometido única e exclusivamente com a história, logo dão espaço para outras com mais força e substância. O ego fica do lado de fora, o foco é a série e somente a série. O contraste de evolução em relação ao processo individual é enorme. E é a forma de se criar na TV, um meio invariavelmente colaborativo.

Se na sala de roteiro de *Breaking Bad* oito roteiristas levavam até três semanas discutindo os dilemas morais que passavam pela cabeça do multidimensional Walter White de um único episódio, como um roteirista que trabalha sozinho e que não conhece Aristóteles ou Heidegger pode contar uma história sobre redenção que surta efeito na audiência? *House*, o médico não convencional e misógino, notoriamente inspirado em *Sherlock Holmes*, personagem do (também médico) Arthur Conan Doyle, levou quase um ano para ser desenvolvido. E Tony Soprano, da série *The Sopranos*, a pedra fundamental da nova produção de séries de TV, é um personagem multifacetado concebido por um autor obcecado por Fellini e influenciado por Tennessee Williams e Arthur Miller. *The Shield*, *Mad Men*, *Dexter*, *Veep*... todas essas grandes séries tinham uma premissa moral que ajudava o público americano a entender sua posição no mundo naquele momento. Paradoxalmente, nosso conteúdo parece estar sempre ligado ao jornalismo e ao rádio. Por quê?

Eventualmente vamos encontrar histórias que não são apenas reflexos da realidade, mas que nos ajudam a entender nosso momento de vida. Também vamos cultivar a figura do *showrunner*, que é o gestor artístico e quem dá unidade à série, administrando-a do roteiro à produção. Por enquanto, a figura central ainda está no diretor, que, por tradição, se sente obrigado a dar uma "marca" autoral, às vezes até em detrimento da história. E produtores também vão investir mais em desenvolvimento, contratando roteiristas profissionais que foquem em histórias mais do que nas demandas — e por quanto tempo for necessário. Enfim, o processo todo ainda será azeitado. Um dia...

Sem dar vazão a tantos projetos e por causa da crise financeira global, o Programa de Roteiristas da Globosat foi cancelado na sua terceira edição. Mas não me dei por vencida. Conheci Marcelo Rubens Paiva numa sala de roteiro e, em nossas conversas, acabávamos sempre falando desse assunto, em especial sobre como as séries brasileiras ainda estão tão distantes das referências estrangeiras. Em vez de apenas resmungar, resolvemos trabalhar — e escrever um livro.

A tecnologia continua revolucionando a maneira como consumimos conteúdo. A grande convergência da internet com a televisão já aconteceu, possibilitando que o espectador tenha cada vez mais intimidade com a história. Nenhum assunto é tabu. Hoje, não temos mais apenas três horas de conteúdo original por noite. São muitas plataformas exibidoras e o terreno é fértil. Cabe a nós do mercado audiovisual brazuca *step up our game* [melhorar nosso jogo], ou seja, aprimorar todas as áreas do processo, amadurecendo criativa e financeiramente, para que nossas histórias sejam vistas pelo público local e estrangeiro com a mesma empolgação.

Séries — O livro é sobre o desenvolvimento dessas histórias, séries como as do mercado americano, que tem a produção com maior impacto no mundo. É um livro para autores, criadores e entusiastas, interessados em aprimorar seu processo criativo.

SIM OU NÃO AOS MÉTODOS?

Marcelo Rubens Paiva

Minha geração amava TV, nasceu influenciada por ela, acompanhou sua evolução e as muitas séries chamadas com desdém de "enlatados" pelo meio acadêmico e críticos. Aqui é o país do movimento antropofágico e do Cinema Novo. Manuais foram deliberadamente rasgados, demos as costas para a grande indústria, em especial para o cinemão de Hollywood, e decidimos por conta própria fazer uma arte revolucionária, na forma e no tema, em que o roteiro era o que menos importava: valia mais provocar o espectador, inserir um sentimento de revolta, chamá-lo para uma grande revolução, com a câmera na mão e uma ideia na cabeça, do que as regras estabelecidas pelo mercado para nos oprimir.

Na faculdade, amávamos Nelson Pereira dos Santos, Glauber Rocha, Cacá Diegues, Ruy Guerra e Joaquim Pedro de Andrade. Porém amávamos também Hitchcock, Spielberg, Brian de Palma, Coppola, Scorsese e Ridley Scott, nomões da grande indústria que aprimoraram o método, ao invés de abandoná-lo. E amávamos também seriados.

Me angustia lembrar que, na minha formação na USP (Universidade de São Paulo), tive apenas uma matéria sobre roteiro; quatro meses para explorar e debater o pilar do audiovisual. Nas livrarias brasileiras, tinha apenas um livro técnico, *Da criação ao roteiro*, de 1984, do médico e teórico Doc Comparato, autor de telenovelas e seriados da Rede Globo, que sentia falta de colaboradores especialistas. Logo na apresentação, ele escreveu: "Existe apenas uma lei em dramaturgia: não existem leis em dramaturgia".

Manuais sempre existiram. Aristóteles foi o primeiro autor de um de teatro, *Poética*. Ao analisar tragédias e comédias gregas de sucesso, notou um modelo infalível, quase matemático: em todas as peças teatrais, as cenas eram ligadas por ganchos; toda cena era importante para a história; se se tirasse uma e a história não mudasse, ela era inútil; a trama era conduzida pelas virtudes e defeitos dos personagens; os conflitos entre eles, através dos diálogos, revelavam suas características; um ponto de virada no final trazia uma revelação. Então, Aristóteles descobriu que na tragédia os personagens passam de um estado para o outro, mudam depois da revelação, traçam uma jornada do ponto A ao ponto B. Na comédia, não. E assim se estabeleceu a base de toda a dramaturgia futura, que foi para a radionovela, para o cinema, para a televisão. Que, claro, pode ser contestada (Brecht e Samuel Beckett são dos mais antiaristotélicos dos dramaturgos).

Os manuais que vieram depois utilizam o mesmo modelo: divisão de cenas, ganchos, ponto de virada, revelação. Comparato fez um manual que muitos no Brasil estudaram nas faculdades de comunicação dos anos 1980. Syd Field escreveu o *Manual do roteiro*. Robert McKee publicou seu *Story*, o manual dos manuais dos roteiristas. Tais livros não inventaram as regras do jogo. Assim como Aristóteles, viram o que dava certo, o que fazia sucesso, o que seguia uma lógica e se repetia.

Um erro da minha faculdade foi associar rádio com TV. Minha profissão, meu sindicato, é radialista. Em termos. Para escrever para televisão, encontramos abrigo em cursos de dramaturgia, em oficinas das grandes produtoras, como O2, empresas de comunicação, como a TV Globo, ou fora do Brasil. Televisão também é dramaturgia, também é cinema. Hoje, a USP se redimiu. O departamento de Rádio & TV se juntou com o de Cinema e virou o Curso Superior do Audiovisual.

Na minha primeira visita ao Museu Picasso, em Barcelona, tive uma epifania. No primeiro andar estavam expostos os estudos do pintor: uma anatomia realista de corpos. Sou leitor de métodos. Para romper com as formas, é preciso antes conhecê-las. Depois disso, Picasso pôde virar a pintura do avesso, deixar tudo fora de ordem. Eu me lembrei de Antunes Filho, que tocava o CPT (Centro de Pesquisas Teatrais) e inovou o gênero depois de fazer o chamado "teatrão", um teatro mais convencional. Ele nos fazia estudar Aristóteles, para, depois, negá-lo, se fosse o caso. Era necessário antes ter a base, a comparação. E partíamos para Física Quântica, a do imprevisível: não se pode prever a localização exata da partícula no espaço, apenas a probabilidade de encontrá-la em locais diferentes. Antunes queria desconstruir o ator e a dramaturgia, criar um novo método: o do desequilíbrio.

A ideia deste livro partiu de um intensivo que fiz com Jacqueline numa sala de roteiro. McKee foi a chave que abriu minha mente, que me vez ouvi-la e segui-la. Ela é uma especialista. Eu poderia adorar uma cena que ela considerava sem *beat*, mas sempre a acatava se me dizia para tirá-la. Eu já sabia fazer camadas de personagens, escaletas, diálogos. Mal sabia fazer uma "bíblia". E aprendi os truques das muitas tramas de uma série, seu processo fordista, como uma linha de montagem, e a confiar numa sala de roteiro.

Tudo pode ser contestado. O que chamamos de *logline*, alguns chamam de premissa. Ainda existe a confusão entre sinopse e argumento. A apresentação de um projeto — a bíblia — é padronizada e sugerida por algumas empresas e editais de audiovisual, mas não todos. Fora do Brasil, a bíblia é outra. Já li a bíblia, ou o *pitch* (apresentação), de *True Detective*, que Nic Pizzolatto fez para a HBO. É genial e completamente original. Não segue as normas do mercado. Ele vendeu seu peixe e fez uma das séries mais deslumbrantes e inovadoras da TV. Pizzolatto foge do perfil de autor de série. Era escritor de contos e de romances policiais e dava aulas de literatura na Universidade da Carolina do Norte.

Virou *showrunner* e escreveu a primeira temporada (e a melhor) sozinho.

Enquanto aqui nós pretendemos responder por que amamos séries, como elas surgiram, se desenvolveram e se é possível criar um método para escrevê-las (claro que sim), alguém está sempre sugerindo algo novo. Porém, o que importa é como contar uma história. Convenci Jacque a escrevermos este livro, porque o que ela sabia precisava ser compartido. Juntos, dividimos experiências. Acredito que ele possa ser útil a todos os fãs de séries, aos profissionais do mercado e sobretudo aos espectadores.

1. Senta que lá vem série

POR QUE AMAMOS HISTÓRIAS?

Amamos cinema, literatura, teatro, poesia, pintura, escultura, fotografia, dança e música porque nos representam, captam um retrato fiel ou adaptado de nós mesmos, tiram um raio X dos nossos humores, manias, virtudes, defeitos, sonhos e loucuras. Eles nos surpreendem, nos pegam com a guarda baixa, contam histórias, falam de heróis, mitos, daqueles que nos inspiram, nos emocionam, nos ensinam, nos levam por caminhos inimagináveis, eternizam nosso presente e passado e nos fazem pensar no futuro. Queremos entender o que nos cerca, o outro, ela, ele, eu, eles, você, nós todos: a Humanidade. Queremos deixar uma marca. Se o planeta for devastado por um meteoro, um vírus, um desastre ambiental, um supervulcão ou uma guerra nuclear total e chegarem visitantes de outros planetas, queremos que saibam que fomos mais do que ruínas de civilizações, queremos que descubram o que pensamos, o que fizemos de belo e o que deu errado, quem foram Homero, Jesus, Cleópatra, Michelangelo, Leonardo, Dostoiévski, Chaplin, Gandhi, Nijinski, Callas, Kubrick, Woolf,

Beauvoir, Gauguin, Van Gogh, Mozart, Beethoven, Machado, Frida, Beatles, Hendrix, Mandela, Rimbaud, Tom Jobim e tantos outros. Não queremos passar em branco, ser poeira estelar. Queremos deixar ideias, pensamentos, arte.

Quando passamos a nos comunicar com mímica e um vocabulário reduzido ao redor de fogueiras, começamos a imaginar e a narrar. Começamos a desenhar nas paredes de cavernas para ilustrar experiências. Nelas, sempre havia uma representação, uma trama, uma caça, um costume ou traços aleatórios. Nelas, experiência e técnica. Diante de uma fogueira, sombras viram figuras em movimento projetadas nas paredes.

O que se descobriu até então?

Há 100 mil anos, os humanos usavam pigmento para pintar o corpo. Faziam colares e adornos a partir de pequenas conchas e de cascas de ovo de avestruz. Tudo isso era parte da comunicação. Indicavam hierarquia, estado de espírito, guerra. Eram fruto da vaidade do diferente, que levavam ao belo.

A primeira pintura rupestre, uma figura abstrata, foi encontrada numa caverna na África do Sul e data de 70 mil anos atrás: quatro traços que se cruzam, como no jogo da velha. Pinturas de 44 mil anos descobertas na Indonésia são os primeiros registros de uma narrativa visual: animais encurralados por homenzinhos com focinhos de mamíferos ou bicos de aves, uma demonstração de pensamento simbólico.

Neandertais na Espanha desenhavam com carvão há milhares de anos em paredes. Uma arte rupestre complexa ocupa as paredes da famosa caverna de Lascaux: são seiscentos desenhos que representam caçadas e enigmáticas flechas, triângulos, pontos, linhas pontilhadas, touros, cavalos, veados, mamutes, felinos, renas, ursos, rinocerontes — toda a proteína abundante de que precisavam —, em preto, vermelho, amarelo e marrom, marcados ali para a eternidade por nossos ancestrais. No Piauí, já foram catalogados mais de 1200 sítios arqueológicos. Estão desenhadas famílias e a fauna da região, como veados, tartarugas e tatus, além de cerimônias religiosas e sexuais e caçadas. Essa é a prova de que histórias de caça eram contadas, a técnica era ensinada, e dessa forma a sobrevivência e a evolução, garantidas. Contar histórias nos alimenta, ensina a nos defender e nos mantém vivos. E tudo nasceu da história oral. A oralidade garantiu a sobrevivência de ideias de historiadores e filósofos pré-socráticos que ainda não escreviam. Manteve vivas lendas indígenas e religiões monoteístas e politeístas. Graças à oralidade, somos o que somos. Na Alemanha do pós-guerra, quando o papel era escasso e muitos livros foram queimados pelos nazistas ou aqueceram as casas no inverno, tornou-se um hábito que histórias fossem lidas em voz alta, em especial nas rádios. Ainda hoje, os alemães costumam ir a livrarias e escutar com atenção autores lerem seus livros.

Para Platão, as sombras projetadas nas paredes de uma caverna pelas pessoas que passam transportando coisas do lado de fora podem ser libertadoras para quem está dentro, acorrentado. A escuridão é uma prisão. A luz da verdade, a educação, a linguagem e o conhecimento trazem sabedoria. O som que vem de fora é associado às pessoas. Quem está preso do lado de dentro pode conhecer assim novas realidades.

O homem saiu das cavernas, montou aldeias, cidades, impérios, civilizações, califados, dinastias, cantonados. Leis e lendas passaram a ser escritas; rituais, a ser praticados. Babilônicos e egípcios contavam, por toda parte, histórias sobre a construção de monumentos, homenageavam reis, detalhavam guerras, deixavam receitas de alimentos em paredes talhadas, obeliscos, pirâmides, papiros. Gregos filosofavam e ocupavam teatros para elaborar conflitos e arquétipos. Em todos os continentes, havia civilizações com leis, cultura e mitologias próprias: chun, han, macedônica, bizantina, persa, romana, asteca, inca. A Pedra de Roseta, encontrada por arqueólogos franceses em 1799, liderados por Napoleão no Egito, e que serviu de dicionário para desvendar hieróglifos, é um decreto escrito em egípcio antigo, demótico e grego, para se cultuar um faraó, Ptolomeu V, em que se narram, como numa propaganda oficial, todos os feitos do político.

A criatividade humana é ilimitada. A história oral sobre grandes feitos e sobre a origem da terra, do céu e da humanidade passava de geração para geração, de um povo para outro. Muitas histórias se tornaram sagradas. Vieram os poemas de Homero, as tragédias e as comédias gregas, os filósofos, os matemáticos, os historiadores, as escolas e as universidades, a censura e o Renascimento.

Segundo Aristóteles, todos os homens, por natureza, tendem ao saber: "Sinal disso é o amor pelas sensações. De fato, eles amam as sensações por si mesmas, independentemente da sua utilidade, e amam, acima de todas, a sensação da visão. O homem é dotado do poder de conhecer, principalmente a essência das coisas, tendo em vista ser ele constituído de sensibilidade".

Vieram a prensa, a indústria editorial, o rádio, o cinema, a TV, os podcasts, e aqui estamos, cercados por histórias de personagens que nos encantam e nos revoltam, por tramas emocionantes e de tirar o fôlego, que agora podem ser carregadas no bolso ou emitidas em óculos. Amamos tragédias, histórias reais, interpretadas e ficcionais, mitologia, poemas épicos, romances, filmes, séries, porque precisamos delas para interagir, nos averiguar e investigar. Por meio da informação transmitida, hoje chamada de "conteúdo", conseguimos compreender a nós mesmos e crescer, melhoramos como sociedade e indivíduos.

O conflito é a base da dramaturgia desde o teatro grego. O personagem de cinema contempla conflitos físicos e sociais. Na literatura, contempla o conflito interior, consciente e inconsciente. No teatro, as relações pessoais. E na televisão? É o único meio em que a história traz o conflito em todas essas camadas, distribuído de forma equilibrada através de personagens complexos. Esse é um dos seus segredos, a poção mágica que mistura todos os elementos e faz um efeito extraordinário em todos os povos, um caldo rico que informa e entretém, para o bem e para o mal. Muitos hoje conhecem História não mais nas escolas e nos livros, mas assistindo a *Rome, Vikings, The Tudors, The Crown, Mad Men, Chernobyl, Band of Brothers, Da Terra à Lua*.

O escritor de ficção é especialista em conflitos interiores e pode elaborar páginas e páginas descrevendo o que se passa dentro da cabeça de um personagem, um sonho ou o que o cheiro de uma madeleine o faz recordar. E o de séries?

O que faz a gente voltar a ver um capítulo de uma série de TV na semana seguinte ou emendar um episódio no outro no streaming? Quem a gente vê na tela. São pessoas que provocam alguma coisa dentro da gente, algum sentimento, alguma emoção. Ou seja, a base de tudo é o personagem.

Os grandes personagens da televisão são complexos, fazem com que o espectador queira mais deles, seja porque simpatiza com ela/ele (eu gosto dela/dele), seja porque empatiza com ela/ele (eu sinto o que ela/ele sente). Mesmo com o controle remoto na mão, as pessoas ficam presas a um programa, pensando: ela/ele é igual a mim (pessoa comum)? É melhor do que eu (herói)? É pior do que eu (*underdog*)? É o meu oposto (anti-herói)?

Se eu não sentir nada com uma história, ela vai passar em branco. Preciso *sentir* alguma coisa quando entro naquele universo. Seja medo nas histórias de terror, adrenalina nas histórias de ação, empatia nos melodramas, graça nas comédias. A emoção é a ponte que liga a história e o espectador. É o que conecta tudo, no fim das contas — não importa o formato.

AS TRÊS ERAS DE OURO DA TV

Em 1927, Philo Farnsworth não imaginava o que estava por vir ao inventar a primeira câmera de TV. Era uma tecnologia eletromagnética bastante complexa para a época, com muitas patentes, e que durante anos foi aperfeiçoada por outros engenheiros. Antes da Segunda Guerra Mundial, ela estava pronta. Mas poucos sabiam quais seriam as consequências dessa invenção, o seu propósito, e como aquele tubo que "imprimia" imagens numa tela através de ondas eletromagnéticas por um canhão de elétrons em raios catódicos mudaria a história da humanidade em linhas, pixels, LCDs e HDs.

Um dos primeiros usos foi na medicina: uma operação num hospital do Brooklyn foi transmitida para estudantes e médicos sentados diante de um aparelho em outra sala. Em grego, a palavra "tele" significa distante. Meses depois, transmitiram um jogo universitário de beisebol em Nova York entre Columbia e Princeton.

Em 1947, havia em Manhattan cerca de setecentos televisores. Setecentas famílias assistiam a um programa de culinária, *Twelfth Night*, a um *gameshow*, *Cash & Carry*, e, lógico, a jogos de beisebol. O mercado publicitário focou as atenções na novidade, e logo vieram os *Tonight* e *Today* shows (NBC), programas de revista e educacionais. Hoje, estão no ar mais de 31 mil programas de televisão num mundo sem fronteiras.

Na série *Mad Men*, que se passa nos anos 1960, uma das inovações estabelecidas pela ficcional agência de publicidade Sterling,

Cooper & Partners é a criação de um departamento voltado para a televisão, que ninguém sabia exatamente como funcionaria. Um personagem secundário, Harry Crane, ficou encarregado, numa sala sem janelas (desprezada). A secretária da agência, Joan Holloway, era responsável por ler os roteiros dos programas e analisar qual produto poderia ser anunciado. Começou desprezado pelos "gênios" da propaganda e sócios, mas cresceu — a agência abriu um escritório em Los Angeles, onde os programas eram gravados, e seu responsável, Crane, se tornou sócio com o tempo e chegou a inclusive ter seu nome grafado no hall de entrada no fim da década, privilégio de poucos.

Até então, televisão não era considerada arte, mas entretenimento. Mad Men, Twin Peaks, do diretor David Lynch, The Sopranos, The Wire, The Good Wife e Breaking Bad começaram a chamar a atenção de críticos e acadêmicos que antes consideravam a televisão como algo secundário, e agora corriam para assinar os canais pagos.

O que define as séries de TV? São histórias que repetem uma mesma estrutura narrativa em episódios autocontidos, seriados. Ou são episódios em que a narrativa prossegue e não se encerra numa única exibição, muitas vezes no formato *cliffhanger* (a tradução seria algo como se segurar com um gancho à beira de um abismo), isto é, uma situação limite de perigo em que um herói salva outros personagens. As séries utilizaram toda a gama de truques cinematográficos recém-descobertos, como dublês, cenários falsos e, claro, muito suspense e ação para entreter o público.

Antes, sair de casa e ir a um cinema era um acontecimento, um programa único e familiar. Os filmes duravam entre uma hora e 1h30. Como as sessões aconteciam em horas "redondas" (14h,

21

16h, 18h, 20h e 22h), produtores, distribuidores e exibidores precisavam preencher o tempo entre uma exibição e outra com histórias curtas antes dos filmes. Buster Keaton foi o gênio cômico do absurdo que espantava e causava gargalhadas nas plateias do cinema mudo, assim como Chaplin. Por vezes, eram desenhos animados que entretiam: Mickey Mouse, Betty Boop. Ou então cinejornais.

Na Alemanha de 1910, *Sherlock Holmes*, uma cinessérie em cinco capítulos, desvendava crimes nos cinemas. Na França de 1911, era a vez do detetive Nick Winter — isso até aparecer o popular *Fantômas*, cinco filmes episódicos de um herói mascarado exibidos entre 1913 e 1914, adaptado do folhetim de Pierre Souvestre e Marcel Allain.

Thomas Edison fundou a Edison Manufacturing Company a fim de contratar especialistas e selecionar as tecnologias emergentes para serem desenvolvidas. Era uma espécie de Apple de dois séculos atrás. Ele estava por trás de tudo que envolvia eletricidade, imagem e som. Inventou o ditafone, que deu no fonograma entre 1870 e 1880. Depois de tornar possível ouvir música, queria que seu público visse imagens. Inventou o Kinetoscope, uma caixa em que o espectador colocava os olhos, como em um binóculo, e via cenas em movimento. Algumas foram serializadas, com uma caixa de exibição ao lado de outra: lutas de boxe, passos de dança, performances de vaudeville, até cenas do velório do presidente William McKinley, assassinado em 1901. Aliás, Edison também filmou uma reencenação da execução na cadeira elétrica, outra invenção sua, do assassino Leon Czolgosz, no seu estúdio Black Maria. Buscava aperfeiçoar a exibição de imagem para um público maior. Porém, a patente do cinema, inventado em 1896, ficou com o projetor desenvolvido pelos fotógrafos franceses Louis e Auguste Lumière. Edison deixou de lado sua tecnologia e abraçou a nova. Tornou-se um dos maiores produtores e exibidores de cinema dos Estados Unidos, aonde o cinema chegou com tudo, e as cinesséries também. Os americanos ficaram obcecados pela sétima arte. Logo uma indústria poderosa e lucrativa emergiu. E trouxe de fora talentos em ascensão, como o inglês Chaplin, que fez tanto cinesséries como longas-metragens (*O grande ditador*, de 1940, tinha mais de duas horas de duração). Ele começou produzindo séries de alguns minutos de um mesmo personagem, um vagabundo de bengala que se metia em confusões, divertindo o público antes dos filmes. Porém, Chaplin não coube no formato de um seriado, e ele mesmo passou a produzir, escrever, dirigir e atuar em longas, nem sempre na persona do andarilho "vagabundo".

What Happened to Mary? [O que aconteceu com Mary?], o primeiro seriado de cinema americano, foi produzido pela Edison Studios. Protagonizados por Mary Fuller, os doze episódios foram lançados mensalmente a partir de julho de 1912, coincidindo com os capítulos publicados em *The Ladie's Journal*. Além dessa história, outros folhetins publicados em jornais foram parar nas telonas, como *The Adventures of Kathlyn*, publicado em 1913 pelo *Chicago Tribune*, e *The Active Life of Dolly of the Dailies*, produzido pelo excêntrico magnata Randolph Hearst, simulacro de Cidadão Kane, junto com a Edison Studios.

No mundo todo, o formato se popularizou. Na Itália, foram produzidos *A quadrilha dos ratos cinzentos* e *O triângulo amarelo*, em 1917 e 1918. Na Alemanha, *Homunculus*, em 1915, e em 1919 o gênio do cinema Fritz Lang fez *Die Spinnen* [As aranhas]. Na Inglaterra, Charles Raymond fez *The Great London Mystery* [O grande mistério londrino] (1920), e na Espanha foi lançado *Mefisto* (1917). Com o advento do som, apareceram as grandes produções, como *Flash Gordon*, da Universal (1937), *Tarzan* e *Capitão Marvel* (1941).

No entanto, começaram as tensões na Europa. O mundo ficou na iminência de outra guerra global. O esforço de guerra, a venda de bônus, a ideologia e o patriotismo foram para as telas, e o cinejornal ganhou força, tornando-se um poderoso instrumento de propaganda oficial e doutrinação. Quando o mundo viu filmetes que mostravam Hitler anexando a Áustria e sendo saudado pelo povo, acreditou que os austríacos tinham convidado os nazistas para acabar com o próprio país, o mesmo onde o *Führer* nasceu. Nada disso. O livro *A ordem do dia*, de Éric Vuillard, detalha a invasão dia a dia. Foram meses de uma negociação fracassada entre os dois governos. O que o mundo viu nos cinemas foi uma peça publicitária bolada pelo ministro da Propaganda alemão, Joseph Goebbels. Os austríacos não estavam nada felizes com a anexação, como aparecia nas telas, sua social-democracia fora derrubada por um golpe de Estado. As câmeras tinham flagrado apenas pessoas sorridentes e felizes, acenando alienadas, à espera da carreta do exército alemão. No entanto, a cena fora reencenada depois. A passagem do exército nazista foi caótica. Teve um congestionamento enorme na estrada por falta de combustível. Os *panzers* ficaram parados a cem quilômetros de Viena no dia da invasão, para desespero de Hitler. Apenas no dia seguinte o exército conseguiu entrar na capital austríaca, trazendo sua máquina de guerra. Goebbels trouxe seu exército de cameramen, montadores, contrarregras e técnicos de som. As imagens foram editadas cuidadosamente, pós-sincronizadas. Milhares de figurantes, junto com os militantes nazistas da Áustria, se juntaram nas calçadas. Sorrisos, bandeirolas e saudações: uma multidão ariana se agita na passagem do cortejo. A guerra da propaganda começava antes de a guerra ser declarada, sem um tiro sequer. Hitler divulgava seu projeto pelo mundo. Tentou vender a ideia de que seria sempre bem-vindo pelas nações vizinhas. Fez um pacto com a Inglaterra e a União Soviética, para mais tarde traí-las. A censura logo imposta pelos "invasores" silenciou o enorme número de suicídios, em especial de judeus, e a fuga de toda a elite intelectual e política austríaca.

Os filmetes deturparam a realidade e mudaram a História. Enquanto Churchill se debruçava sobre microfones de rádio com uma oratória invejável para clamar pela resistência, Goebbels, o gênio do mal, ensinava o mundo a manipular a notícia com truques de ficção cinematográfica. Seu líder, Hitler, ensaiava diante do espelho gestos e caretas, com os olhos arregalados, como um ator amador expressionista.

Na guerra, o inimigo do front virou o vilão do cinema. Todos os cartuns voltaram a se dedicar ao tema, atores explicavam os princípios básicos da guerra, faziam campanha, o heroísmo era ressaltado, o cinema americano e europeu sofreu intervenção da censura e se voltou para o conflito, fazendo a cabeça de uma geração que lutou e sofreu.

Durante o confronto, a NBC e a CBS, grandes redes de rádio dos Estados Unidos, davam os primeiros passos. Quando a FCC (Federal Communications Commission) regulamentou o broadcast comercial em julho de 1941, a NBC se dividiu em *blue* [azul] e *red* [vermelho], continuou a NBC e surgiu a ABC, estabeleceu os limites, condutas, censura e regras para as três grandes redes.

Vieram a paz, o pós-guerra, a reconstrução, e a televisão se popularizou. No final da década de 1940, o seriado saiu das grandes telas e foi para a telinha. As séries viraram incubadoras de produtores, diretores e técnicos. Atores que depois ficaram famosos no cinema começaram ou se aposentaram em seriados, como John Wayne, Boris Karloff e Bela Lugosi. Um deles inclusive virou presidente dos Estados Unidos, Ronald Reagan, de talento discutível: foi apresentador da série semanal *General*

Electric Theater e da *Death Valley Days*, seu último trabalho como ator, em 1964.

A TV aos poucos deixou de ser um aparelho doméstico da segunda onda da Revolução Industrial para se tornar o principal eletrodoméstico do lar, o maior meio de divulgação de notícias, alertas, ideias e produtos.

A primeira era de ouro

A primeira era começou nos anos 1940. As *The Big Three* — ABC, NBC e CBS — dominaram por décadas a era da TV aberta nos Estados Unidos, cada qual focada no mesmo público amplo: a família americana. Reinaram praticamente sozinhas até 1986. Até nascer a Fox.

Redes com afiliadas espalhadas por todo o país utilizavam um padrão publicitário inspirado no do rádio: parte dos anúncios era local, em geral 50%, e parte, nacional. Se aproveitaram da massificação do consumo de produtos MADE IN USA, como eletrodomésticos, carros, roupas, cigarros, bebidas e alimentos do pós-guerra, por uma classe média que aumentava a renda vertiginosamente e viajava de avião, agora. A TV ficava na sala, e toda a família assistia ao mesmo programa. Logo, os valores do *American Way of Life* foram fortalecidos, ampliados e exportados. Papai, mamãe, Bobby, Sally e o cachorro de estimação passavam as noites na sala em torno da televisão, que se assemelhava a um sólido móvel de madeira. O mesmo fizeram João e Maria, Juan Carlos e Maria Guadalupe, Jean Paul e Brigitte, Jacob e Sarah, que consumiam um produto barato, já pago pela TV local (americana), que aqui no Brasil foi chamado de maneira pejorativa de "enlatado".

Muitas das primeiras séries levavam o nome de seus patrocinadores, ainda sob influência do que acontecia nos palcos de teatro, como *Texaco Start Theatre*, *The Chevrolet Tele-Theatre*, *The Philco Playhouse*, todas de 1948, ou *The Voice of Firestone* e *Ford Theatre Hour*, de 1949.

A pesquisadora Maíra Bianchini aponta: as séries dominavam o horário nobre. Foram produzidos e exportados westerns como *Gunsmoke* (CBS, 1955-75) e *Bonanza* (NBC, 1959-73), policiais como *Os intocáveis* (ABC, 1959-63) e *Starsky and Hutch* (ABC, 1975-9), e sitcoms como *I Love Lucy* (CBS, 1951-7), *A feiticeira* (ABC, 1964-72) e *Jeannie é um gênio* (NBC, 1965-70).

No Brasil, todas as crianças dos anos 1960 gritavam "Hi-yo, Silver", jargão do *Cavaleiro solitário*, faziam o "Z" de Zorro com espadas de brinquedo, repetiam "Perigo, perigo!", como em *Perdidos no espaço*, cantavam a abertura da série japonesa *National Kid*, temiam os seres abissais e os incas venusianos, vilões da série, e sabiam de cor a versão de Carlos Gonzaga para a música de abertura da série *Bat Masterson*, da NBC, que trazia o elegante caubói de bengala: "No Velho Oeste ele nasceu, e entre bravos se criou, seu nome lenda se tornou, Bat Mas-ter-son, sempre elegante e cordial...".

Em 1959, uma série da CBS se destacou pela elaboração sofisticada dos roteiros, pela estranheza das tramas e pelos personagens complexos: *The Twilight Zone*, de Rod Serling. Teve cinco temporadas (156 episódios), cujo piloto foi escrito por ninguém menos que Alfred Hitchcock, outro inglês importado pela poderosa indústria do audiovisual americana. Tudo na série era original, diferente, inspirado no climão pesado da Guerra Fria, nas incertezas da vida, na filosofia existencialista — qual o sentido da existência? — e sobretudo na popularização da psicanálise de Freud, Jung e Lacan, que desvendava dimensões escondidas no inconsciente e abria caminhos para a hipnose. Sonhos, delírios e fantasias se tornaram pesadelos recorrentes num mundo agora dominado pela ameaça invisível da força nuclear e de partículas destruidoras. *The Twilight Zone* ganhou novos episódios em cores em 1980, também pela CBS, em três temporadas, e outros em 2002 pela United Paramount. Além disso, teve um filme produzido em 1983 por Steven Spielberg, um entusiasta da série. Em 2019, a série novamente entrou em produção pela CBS All Access, sendo produzida pelo mestre do novo terror, Jordan Peele (dos filmes *Corra!* e *Nós*), e por Simon Kinberg (*X-Men*). A abertura é a mesma da série original, com a marcante trilha composta pelo compositor romeno Marius Constant. Sucesso atemporal. Clássico.

A segunda era de ouro

A segunda era surge com a TV a cabo. Nasce assim o público específico, também chamado de nicho. Os jovens e adolescentes, na contracultura, passam a questionar valores geracionais, a sociedade de consumo, a guerra, costumes dos pais, conservadorismo de uma sociedade repressora, a falta de direitos individuais. Enquanto os "velhos" assistiam aos programas tradicionais, os jovens passaram a ter sua própria TV, na qual os direitos individuais são representados e o país pode descobrir que não é formado por apenas uma cor, etnia, religião, gênero, um gosto sexual ou aptidão física. Isso não acontece porque o mercado se tornou de repente altruísta e empático. O que se descobre é que a diversidade alimenta um potencial para fazer negócios e, principalmente, lucrar explorando públicos específicos. A sociedade patriarcal dominante entrou em colapso. A mulher se emancipou e não aceita mais as regras impostas pelo marido, ou seja, o comando do controle remoto. A TV já não era exclusividade da sala: foi para os quartos, porão, sótão, cozinha, para os pubs.

28

Mudou a estética. O nonsense virou comum. Aliados ao barateamento e à miniaturização da TV em cores estavam a pop art, o LSD, a influência do grafismo e das HQs, o rock, o desencanto, o fim da inocência e os questionamentos dos valores americanos, a rebeldia e a Guerra Fria, agora no comando de séries como *Túnel do tempo*, *Terra de gigantes*, *Perdidos no espaço*, *Jeannie é um gênio*, *A feiticeira*, *Batman* e *Agente 86*.

Justamente quando morria o criador de tudo, Farnsworth, o aparelho inventado por ele se tornou portátil. Os produtos e o consumo foram segmentados. Chegaram os canais pagos USA Network (1971), HBO (1972), Showtime (1976), TNT (1988), entre outros. A censura era mais branda na TV fechada, ou paga, livre das imposições do rigoroso FCC (órgão regulador e censor da área de telecomunicações e radiodifusão dos Estados Unidos desde 1934). A nudez, algo proibido e escandaloso na TV aberta (no caso da TV americana, é até hoje), se tornou comum, quase um diferencial da TV paga. Muitos do meio logo passaram a chamar HBO pejorativamente de "home boobs [peitos] office". Cigarro, drogas, bebida, violência e, como dizem, "linguagem chula" estavam liberados.

A programação da TV aberta levava em conta agora a faixa etária, a classe social, a raça, a escolaridade e a religião dos telespectadores. A qualidade da dramaturgia e a estética das séries melhoraram. *The Mary Tyler Moore Show* (CBS, 1970-7), *Chumbo grosso* (NBC, 1981-7) e *Twin Peaks* (ABC, 1990-1) foram três séries revolucionárias, cada uma à sua maneira e em sua década. *The Mary Tyler Moore Show* mostrava uma mulher independente, profissional, solteira e feliz — uma nova mulher —, além de ter estabelecido a musa de uma geração. Nada de ser uma dona de casa recatada ou se casar e ter filhos, o estereótipo feminino da sociedade patriarcal americana de décadas antes. Tudo bem estar solteira. E mais: com método contraceptivos e a pílula, a emancipação feminina, como um tsunami, derrubou tabus religiosos.

O drama policial *Chumbo grosso*, nos anos 1980, introduziu pela primeira vez o *multiplot*, tramas interlaçadas num mesmo episódio de série de TV. O piloto ganhou oito Emmys, um recorde que só foi quebrado anos depois por *The West Wing*.

Twin Peaks, série dos anos 1990 de David Lynch, foi completamente inovadora. Nunca se tinha visto aquilo tudo junto na televisão: um assassinato numa pacata cidadezinha do interior trazia surrealismo, arte, horror, melodrama e suspense ao estilo anglo-saxão. O público se perguntava: "Quem matou Laura Palmer?". No Brasil, ela foi exibida pela Rede Globo no horário nobre, aos domingos às 22h, depois do *Fantástico* e dos *Gols da rodada*. Era a versão americana de "Quem matou Odete Roitman?" da icônica novela da Rede Globo, *Vale tudo* (de 1988), que se tornou cult e foi eleita uma das mais importantes da teledramaturgia brasileira.

Muitos afirmam que existem o antes e o depois de *The Sopranos*. Estreou em 1999 via uma empresa que no início vendia programas esportivos por cabo e hoje se tornou uma referência em séries. Como dizia seu slogan, *"it's not TV, it's HBO"* [não é TV, é HBO].

O nome Home Box Office (HBO) explica tudo: o usuário não precisaria mais se deslocar até uma locadora de vídeo; teria o produto em casa via cabo. A evolução logística do canal seguiu a evolução do audiovisual. Depois do VHS veio o DVD. Num disco caberiam muitos episódios, e numa caixa, a temporada completa. O cabo foi substituído pelo satélite, que virou *on-demand*. E, dessa revolução, nasceu um produto feito em linha de montagem, cujo protagonista era complicado, amplo e problemático — como todos nós. Quem não tinha TV a cabo poderia assistir a *Família*

Soprano comprando o DVD com toda a temporada ou alugando em locadoras. Surgia assim um novo hábito. Estava criado um público global. E mais dinheiro entrava no caixa dos estúdios, proporcionando salários maiores e atraindo grandes talentos. A trama da série? Tony Soprano, um mafioso de Nova Jersey, adquire síndrome do pânico e vai fazer terapia. Chora quando uma família de patos procria no seu quintal e vai embora. Suas questões são intrincadas, a máfia não é mais a mesma, os mafiosos estão vendendo suas histórias para roteiristas, delatando familiares, algo impensável no passado, quando a *famiglia* vinha sempre em primeiro lugar. Para piorar, ele suspeita que sua mãe e seu tio estão fazendo um complô para... matá-lo — sua própria mãe!

A terceira era de ouro

The Sopranos estreou, e foi um acontecimento. A HBO passou a ter índices de audiência de TV aberta. A série era comentada em todas as rodas de conversas, jornais e revistas. Diziam: enfim, a magia da literatura, com seus personagens ovais e contraditórios, não planos nem maniqueístas, foi para a TV. Por trás do programa estava David Chase, um gênio irascível que já tinha mostrado seu talento como colaborador, em especial com a série da CBS *Northern Exposure*, grande sucesso de 1995, gravada no Alasca.

Assim, surgia outra novidade: o *showrunner*. Quem mandava agora era o chefe dos roteiristas, ou o idealizador do projeto, não mais o diretor ou o produtor do canal ou estúdio. A HBO interferiu na trama de *The Sopranos* em apenas um episódio, quando Tony mata com as próprias mãos um traidor na primeira temporada; sugestão de um ex-mafioso que participava da sala de roteiro, depois de quase esganar Chase. Depois disso, a produtora nunca mais deu palpite.

Até 2007, a TV a cabo nos Estados Unidos não tinha nenhuma tradição de produzir ficção, que era coisa da HBO e da TV aberta, *period*. Foi preciso surgir duas séries fundamentais para que o comportamento do consumidor americano mudasse e ele passasse a procurar suas histórias na TV paga. A fila de personagens estranhos começava a aumentar. E que estranhos: Don Draper e Walter White.

Mad Men estreou em julho de 2007 e, seis meses depois, *Breaking Bad*, ambas no AMC, um canal de filmes clássicos que com sua ousadia inaugurou a era de séries de alta qualidade de longa duração (*high quality long form*).

A lista de séries revolucionárias e personagens instáveis só aumentava. Um professor de química comum, Walter White, se transforma no maior fabricante e traficante de metanfetamina (*Breaking Bad*). Uma agente da CIA que combate o terrorismo é bipolar (*Homeland*). Um policial de Baltimore briguento e viciado tem dificuldades de relacionamento (*The Wire*). Um detetive particular calmo e conciliador foi abusado sexualmente com seus irmãos por um padre e resolve se vingar de forma cruel (*Ray Donovan*).

Mais tramas são encabeçadas por gente esquisita. Uma agente secreta frustrada profissionalmente e presa num casamento pacato tenta capturar uma psicopata fascinante e imprevisível (*Killing Eve*). Após morrer, uma mulher completamente egoísta se torna uma boa pessoa para evitar ser torturada pelo resto da eternidade (*The Good Place*). Uma mulher de programa aplica conhecimentos de marketing em sua profissão (*O negócio*). Um pai carrasco que humilha os filhos mesmo doente não transfere a empresa para eles (*Succession*) — série que ganhou o Emmy de 2019 de melhor roteiro e o Globo de Ouro de 2020 de melhor série dramática.

"São todos infelizes, moralmente comprometidos, complicados, profundamente humanos", escreveu Brett Martin em *Homens difíceis*. São como nós, como nossos amigos, nossos parentes e nossos vizinhos. E somos nós que temos o controle remoto na mão e o cartão de crédito no bolso. Produções que falam de valores com que nos identificamos. E não existe nada de apenas um autor na televisão, um meio fundamentalmente colaborativo, tocado por um time. As novas produções não lembram em nada os antigos seriados ou enlatados da TV. Lembram, isso sim, a complexidade de Shakespeare, Dostoiévski e Kafka: personagens vingativos, problemáticos, estranhos, difíceis. Despertam repulsa e empatia. E gostamos deles por quê? Claro, nos identificamos.

A terceira onda foi uma ruptura que mudou o hábito das pessoas. Qual série você está vendo? Qual você recomenda? O que achou do final daquela? Com o advento da internet, do streaming, das plataformas e as quatro telas (TV, computador, tablet e celular), isso se solidificou, virou mainstream.

O STREAMING VIRA MAINSTREAM

Na premiação do Globo de Ouro, o povo da TV costumava ficar nas mesas do fundo, ofuscado pelos holofotes das primeiras fileiras, garrafas de champanhe e estrelas bêbadas, a do cinema. Com o tempo, a configuração da plateia se alterou. Nas redes sociais, os prêmios dos indicados da televisão passaram a causar mais rebuliço que os do cinema. O Emmy deixou de ser uma versão brega do Oscar. Simples. No mundo todo, passamos a assistir àquelas séries e a seus atores ao longo do ano em casa, na cama, antes de dormir, num fim de semana, por vezes deixávamos de sair para ficar em casa vendo-os, ou então convidávamos uma companhia, sonhávamos com eles. Todas estão disponíveis em TVs, computadores, tablets e celulares. Muitos dos filmes que disputavam prêmios não tinham sido assistidos pelo público. Alguns ainda não estavam em cartaz nos poucos cinemas da maioria das cidades. Claire Danes, James Gandolfini, Jon Hamm, Donald Glover, Elisabeth Moss, Peter Dinklage, Phoebe Waller-Bridge se tornaram semideuses, como os astros de Hollywood.

Aos poucos, Hollywood perdeu o preconceito contra a televisão e mergulhou nas produções de *small screen*. Pra que uma história de apenas duas horas, um filme, se podemos contá-la em cem, com muito mais profundidade?

Kevin Spacey (*House of Cards*), Steve Buscemi (*Boardwalk Empire*, inicialmente dirigida e produzida por Scorsese), Viola Davis (*How to Get Away With Murder*), Dustin Hoffman (*Lucky*), Nicole Kidman, Reese Witherspoon e a diva do cinema Meryl Streep (*Big Little Lies*), Jeff Daniels (*Newsroom*), Matthew McConaughey e Woody Harrelson (*True Detective*), Wagner Moura (*Narcos*), Selton Mello (*O mecanismo*), Alice Braga (*Queen of the South*), James Franco (*The Deuce*), Martin Sheen (*The West Wing*) e o filho Charlie (*Two and a Half Men*), Julia Roberts (*Homecoming*), George Clooney (*Catch 22*), a diva Glenn Close (*Damages*)... Todos foram para a TV. Os astros da TV, como Jeniffer Aniston e o cast do *Saturday Night Live*, foram para o cinema. E, a maior surpresa, séries encerradas, que deixaram uma legião de fãs órfãos, foram depois para as telonas, invertendo o processo que era até então comum de seriar na TV filmes bem-sucedidos.

Hawaii 5-0, *Missão impossível* e *As Panteras* são algumas das séries que viraram filmes décadas depois. *Breaking Bad*, *The Sopranos*, *Downton Abbey*, *Sex and the City* e as brasileiras *Os normais* e *Carcereiros* foram algumas das séries que viraram

34

longas-metragens depois de encerradas. Apesar de Walter White ter morrido, o filme *El Camino* narra o que aconteceu com Jesse, seu associado. Michael, filho do mítico ator James Gandolfini, o faz jovem numa produção cinematográfica, *The Many Saints of Newark*. E a família real britânica resolve se hospedar na casa da família Crawley em *Downton Abbey: O filme*.

Paralelamente, no humor ocorreu o mesmo fenômeno: com a série *M*A*S*H*, sobre médicos trapalhões no Vietnã, ou *Cheers*, um bar em que nova-iorquinos desabafavam sobre a vida, ou *Seinfeld*, a série sobre o nada em que quatro neuróticos de Nova York, todos vivendo de bicos e com tremenda dificuldade de relacionamento, divertiram o espectador inventando expressões ou revelando o pior (e mais engraçado) de nós.

Sim, também no humor existe a era antes e depois de *M*A*S*H* e de *Seinfeld*. A partir delas surgiram *Two and a Half Men, Friends, The Office, Modern Family, Big Bang Theory, Atlanta, 30 Rock, Veep, Fleabag, Master of None*.

Por que as séries fascinam? Porque na maioria das vezes elas contemplam as quatro camadas de conflito — física, social, interior e de relações pessoais — de forma equilibrada e com personagens complexos. E têm tempo para expandir suas camadas. Essa possibilidade foi explorada e se fortaleceu na virada do milênio, numa nova era da televisão.

No começo, heróis complexos fizeram com que a TV aberta — basicamente NBC, CBS, ABC e Fox — dominasse as indicações ao Emmy de melhor série dramática. Dos canais da TV paga, apenas a HBO se mantinha na disputa como intrusa começando com, lógico, *The Sopranos*. A tabela a seguir ilustra como, até 2007, a grande produtora de conteúdo original era a TV aberta. O asterisco indica o vencedor do Emmy e o negrito, as únicas séries da TV paga concorrendo ao prêmio.

35

2001	2002	2003
The West Wing (NBC)*	The West Wing (NBC)*	The West Wing (NBC)*
ER (NBC)	ER (NBC)	CSI (CBS)
Law & Order (NBC)	Law & Order (NBC)	Law & Order (NBC)
The Practice (ABC)	The Practice (ABC)	**Six Feet Under (HBO)**
The Sopranos (HBO)	**The Sopranos (HBO)**	24 (Fox)

2004	2005	2006
The West Wing (NBC)*	**The Sopranos* (HBO)**	Lost (ABC)*
CSI (CBS)	CSI (CBS)	**Deadwood (HBO)**
Six Feet Under (HBO)	Joan of Arcadia (CBS)	**Six Feet Under (HBO)**
The Sopranos (HBO)	24 (Fox)	24 (Fox)
24 (Fox)	The West Wing (NBC)	The West Wing (NBC)

2006	2007
24 (Fox)*	**The Sopranos (HBO)***
Grey's Anatomy (ABC)	Boston Legal (ABC)
House (Fox)	Grey's Anatomy (ABC)
The Sopranos (HBO)	Heroes (NBC)
The West Wing (NBC)	House (Fox)

Então, a partir de 2007, as séries da TV paga, que nos Estados Unidos atinge grande parte do país, com média de 100 milhões de assinantes, aos poucos suplantaram as da TV aberta em indicações ao Emmy, verba e público. Isso porque a TV paga é capaz de arriscar mais do que a TV aberta e criar séries que atingiam nichos específicos.

O AMC, um canal que até então passava apenas filmes antigos, investiu em duas séries "arriscadas", que foram tão bem-sucedidas que acabaram mudando hábitos do público e transformando o cenário da TV paga americana: *Mad Men* e *Breaking Bad*. O FX não ficou atrás e investiu em histórias ousadas. O Showtime fez o mesmo com *Dexter* e *Homeland*.

A tabela a seguir mostra como, a partir de 2008, a TV paga foi ganhando proeminência na produção de séries de qualidade, reconhecidas pela Academia de Televisão.

2008	2009	2010
Mad Men (AMC)*	Mad Men (AMC)*	Mad Men (AMC)*
Boston Legal (ABC)	Big Love (HBO)	Breaking Bad (AMC)
Damages (FX)	Breaking Bad (AMC)	Dexter (Showtime)
Dexter (Showtime)	Damages (FX)	The Good Wife (CBS)
House (Fox)	Dexter (Showtime)	Lost (ABC)
Lost (ABC)	House (Fox)	True Blood (HBO)
	Lost (ABC)	

2011	2012	2013
Mad Men (AMC)*	Homeland (Showtime)*	Breaking Bad (AMC)*
Boardwalk Empire (HBO)	Boardwalk Empire (HBO)	Downton Abbey (PBS)
Dexter (Showtime)	Breaking Bad (AMC)	Game of Thrones (HBO)
Friday Night Lights (NBC)	Downton Abbey (PBS)	Homeland (Showtime)
Game of Thrones (HBO)	Game of Thrones (HBO)	House of Cards (Netflix)
The Good Wife (CBS)	Mad Men (AMC)	Mad Men (AMC)

Mas, com o passar do tempo, o crescente número de serviços de streaming — Netflix, Hulu (Disney), Telecine, Globoplay, Apple e Amazon Prime, por exemplo —, que dependem apenas do número de assinantes, e não dos anunciantes, precisava se estabelecer. E investiram. Muito. Os maiores talentos do mercado em frente e atrás das câmeras foram em busca de liberdade criativa (e milhões de dólares). Não à toa, o número de indicações vindas de serviços de streaming cresceu — e papou Emmys.

Dentre os canais de TV paga que rivalizam essa liberdade, destacam-se os chamados "premium TV", como HBO e Showtime. Esses canais não fazem acordo com anunciantes e, assim como os serviços de streaming, sua receita vem do pagamento mensal de inscrição dos telespectadores. Justamente por isso são mais caros que os demais canais da TV paga, como a TNT, mas também atraem os maiores talentos da indústria do entretenimento. Entre os streamings, a Netflix se destaca e inova ao colocar todos os episódios de uma série no ar de uma vez. Com o tempo, as séries da TV aberta sumiram das indicações. A única que resistiu foi *This Is Us*, da NBC.

2014	2015	2016
Breaking Bad (AMC)*	Game of Thrones (HBO)*	Game of Thrones (HBO)*
Downton Abbey (PBS)	Better Call Saul (AMC)	The Americans (FX)
Game of Thrones (HBO)	Downton Abbey (PBS)	Better Call Saul (AMC)
House of Cards (Netflix)	Homeland (Showtime)	Downton Abbey (PBS)
Mad Men (AMC)	House of Cards (Netflix)	Homeland (Showtime)
True Detective (HBO)	Mad Men (AMC)	House of Cards (Netflix)
	Orange Is the New Black (Netflix)	Mr. Robot (USA)

2017	2018	2019
The Handmaid's Tale (Hulu)*	Game of Thrones (HBO)*	Game of Thrones (HBO)*
Better Call Saul (AMC)	The Americans (FX)	Better Call Saul (AMC)
The Crown (Netflix)	The Crown (Netflix)	Bodyguard (Netflix)
House of Cards (Netflix)	The Handmaid's Tale (Hulu)	Killing Eve (BBC America)
Stranger Things (Netflix)	Stranger Things (Netflix)	Ozark (Netflix)
This Is Us (NBC)	This Is Us (NBC)	Pose (FX)
Westworld (HBO)	Westworld (HBO)	Succession (HBO)
		This Is Us (NBC)

2020
Succession (HBO)*
Better Call Saul (AMC)
The Crown (Netflix)
The Handmaid's Tale (Hulu)
Killing Eve (BBC America)
The Mandalorian (Disney +)
Ozark (Netflix)
Stranger Things (Netflix)

TEATRO + LITERATURA + CINEMA = SÉRIES DE TV

Teatro é teatro, com uma carpintaria própria testada há mais de 2500 anos em teatros gregos, que lotavam e encantavam até imperadores (Nero foi um que preferia os palcos gregos aos debates do Senado romano). Literatura é literatura, começou de modo industrial com a prensa de Gutenberg, o *roman de chevalerie* (romance de cavalaria), virou literatura romanceada com *Candide* (Voltaire) e *Dom Quixote de La Mancha* (Cervantes), e ganhou impulso no tempo das "descobertas" — navegadores faturaram tanto dinheiro saqueando o Novo Mundo, traficando metais e especiarias, quanto em direitos autorais de best-sellers. Autores estabeleceram as normas gramaticais de seus idiomas, como Dante (italiano), Shakespeare (inglês), Lutero e Goethe (alemão), Cervantes (espanhol), Malherbe e Molière (francês), Camões (português). Livros mudaram a história da humanidade, chacoalharam sociedades puritanas, debateram o Estado e a religião. Os textos de Lutero mudaram o cristianismo. Os de Marx causaram revoluções. Reis foram depostos graças a livros. A humanidade mudou depois de *A origem das espécies*, de Darwin. As mulheres não foram as mesmas depois de *O segundo sexo*, de Simone de Beauvoir. Cinema é cinema e já tem mais de cem anos. Virou arma de propaganda. Alguns filmes foram capazes de transformar as pessoas, mudar seus conceitos, como *Hearts and Minds*, que mudou a visão que os americanos tinham da Guerra do Vietnã, *Day After*, que elevou os protestos contra a nuclearização do mundo, e *Uma verdade inconveniente*, sobre a catástrofe ambiental causada pelos combustíveis fósseis.

E as séries de TV? Elas conseguem aglutinar todos os formatos numa história que pode durar anos, trabalhando ao mesmo tempo com conflitos físicos, sociais, pessoais e interiores. Portanto, pode-se pensar na seguinte equação: teatro + literatura + cinema = séries.

No teatro, Eric Bentley já apontava que a história e a psicologia dos personagens são reveladas através de conflitos, o debate ou a discussão que rola no palco, revelando projetos, discordâncias e insatisfações. Por exemplo:

Como se pode contar que, num casal, um prefere ver filme, o outro, série?

Cena teatral. Num diálogo com discordância, seria a rubrica: "Marido senta-se no sofá, pega o controle e muda. Mulher entra e, furiosa, pega o controle de volta". Vem a discussão.

Na literatura, temos a voz de um narrador presente ou onipresente, na primeira ou terceira pessoa, que conta como o marido e a mulher discutiram, pois discordaram sobre o que queriam assistir na única TV. O narrador é capaz de entrar na cabeça dos personagens, "ler" o que pensam e indicar o que reprimem, como aquela discussão vem se acumulando, como eram felizes, se apaixonaram, se casaram, e agora vivem uma rotina cheia de birras, em que o controle remoto é apenas um elemento revelador de algo muito maior. Numa cena de *Madame Bovary*, o romance dos romances do genial e inovador Flaubert, o "inventor" do realismo, que mudou a cabeça de todos os escritores, como Machado de Assis, Emma, a esposa entediada, no jantar, separa as ervilhas do resto e as esmaga com o talher. O leitor absorve todo o psicológico daquela mulher e sua insatisfação com a vida que leva num gesto aparentemente sem importância.

No cinema, a imagem é um instrumento poderoso, como no giro da câmera na abertura de *Janela indiscreta* (Hitchcock), que mostra a janela voltada para um condomínio com muitas janelas, um apartamento, fotos de carros de corrida, um deles vindo em direção da câmera, uma pilha de revistas com a mesma foto na capa, uma câmera de fotografia com a lente quebrada e um sujeito com a perna engessada numa cadeira de rodas (James Stewart). Numa panorâmica, a câmera contou o que está acontecendo, quem é o personagem, o que faz ali. Para aquecer o coração do espectador, ele é acordado de surpresa por um beijo da noiva, como num sonho (ninguém menos que Grace Kelly).

No cinema, o ideal seria que a disputa do casal pelo controle remoto fosse contada sem palavras. Bastaria a cena: "Marido entra, joga o terno longe, afrouxa a gravata, senta-se no sofá, tira os sapatos, liga a TV e, ao acionar o controle remoto, o vemos sair de um filme que estava pausado, acessar um streaming e escolher um episódio de uma série. A esposa chega com uma taça de vinho, como se já estivesse pronta para ver o que estava pausado. Pega o controle e muda para o filme a que estava assistindo. Ele pega o controle de volta. Brigam pelo controle remoto, até ela desistir, jogar o vinho na cara dele e sair furiosa".

Cada linguagem tem sua própria dinâmica, regras historicamente desenvolvidas graças a observações de produções bem-sucedidas, como Aristóteles descobriu ao analisar o sucesso das tragédias e comédias gregas. Se emplacou, a fórmula serve para outras. Não é o autor que olha o manual e diz: é assim que se faz. Mas se ele o levar a sério, irá se perguntar: se eu fizer assim, vai funcionar? Já o analista, crítico, teórico, aponta em manuais: é assim que os bem-sucedidos fizeram. Apesar de estarem sempre em evolução, é importante conhecer bem a linguagem do teatro, da literatura e do cinema — isso porque estamos começando a entender a linguagem, as características, a gênese e a dinâmica das séries de TV. Não podemos esquecer que uma linguagem nasceu da outra, herdando características, que muitas vezes se cruzam. Rola um casamento, um flerte, um namoro entre os gêneros.

Como seria o conflito do controle remoto numa série? O tempo e personagens com várias camadas geram conflitos numerosos, o que pode estender a discussão para um divórcio que nunca se realiza, detonado no primeiro episódio, e depois vemos as consequências da separação, se rolar, no casal, na família, em todos. Entram na trama filhos, cada qual com seus problemas, o casal amigo, também em crise, o casal modelo (aquele que todos invejam), o terapeuta apaixonado pelo paciente, um possível amante, a família doida e falida. Como em *The Affair* ou *Divorce*.

A série de TV faz parte de uma indústria. Segue uma linha de montagem. É criada com técnica, não está apenas baseada na inspiração. No entanto, o que vale para o cinema vale para uma série? Em termos.

Se, por alto, podemos dividir um filme em começo, meio e fim, e esse final pode ser em aberto, como em geral pratica o bom cinema europeu, o que os americanos mais cartesianos detestam (para eles, filme tem que ter final), uma série quase sempre se encerra quando a personagem atinge seu objetivo. Walter White descobre que tem dois anos de vida e se propõe a deixar o sustento de sua família. O personagem (o herói) está chegando lá, mas não chega. Isso porque teremos um próximo capítulo, e queremos prender a atenção do espectador, ou então teremos uma segunda temporada, e talvez uma terceira, uma quarta...

Adia-se a morte de protagonistas ao máximo. Muitas vezes, pensamos: "Dessa, ele não escapa". Escapa, sim, porque acabaram de assinar para mais uma temporada. Assim, Jon Snow morre, como no livro, porém tem que ressuscitar para a próxima temporada de *Game of Thrones*. Assim como um número infindável de personagens de *Westworld*, como o herói vivido pelo nosso querido Rodrigo Santoro, morre e ressuscita na temporada seguinte.

Em *Breaking Bad* e *Boardwalk Empire*, os protagonistas Walter White e Nucky Thompson, depois de entrarem com tudo na bandidagem, pagam o preço e quase morrem no final. Isso se repete em cada temporada. Bem que Walter White deixa muito claro no primeiro episódio de *Breaking Bad* que ele vai morrer em dois anos. Em *The Affair*, Alison morre no final da quarta temporada. Surpresa. A série não termina. Uma nova temporada, a quinta, tem o ex-amante escritor, Noah, escrevendo sobre ela. Em *Vikings*, tudo deveria acabar quando o carismático rei Ragnar, que levou o povo nórdico a conquistar mares nunca antes navegados, é morto, certo? Errado. A série ganha mais duas temporadas, em que seus filhos disputam o poder.

Em *Euphoria*, a garota Rue se livra das drogas para voltar com tudo na última cena do último episódio da primeira temporada. Ela não se curou, como prometia a premissa da série. Os roteiristas nos enganaram para nos aprisionarem, grudarem a gente na tela, e aguardamos a próxima. Em *The Handmaid's Tale*, June, quando pensamos que ela vai fugir para a liberdade e reencontrar o marido no Canadá, desiste no último minuto e fica no terror de Gillead. Jon Snow, em *Game of Thrones*, precisava fazer uma promessa falsa para conseguir um cessar-fogo, mas sua honra pessoal o impediu de mentir, mesmo que para o bem comum. O tema é a alma do roteiro, o coração, a mensagem, a moral da história. No cinema, em geral, um filme trata de um único tema/valor. Na televisão, uma série pode tratar de diversos temas, embora um seja predominante, porque é o que leva o espectador a se interessar pela história. *Mad Men* é sobre individualidade; *Game of Thrones*, *Vikings* e *Succession*, sobre poder.

McKee argumenta que a jornada de Walter White até a quarta temporada é de deterioração (por isso o título, "*breaking bad*"), mas, depois que ele mata o chefão Gus Fring, passa a ser de redenção, porque se propõe a salvar seu parceiro Jesse Pinkman do grupo de supremacistas que o mantém prisioneiro.

No cinema, é fácil identificar a jornada do herói, porque é o valor que motiva o personagem depois do "momento que dispara a história" (também conhecido como "incidente incitante"). Se ficar confuso, a cabeça funde. Se o protagonista começa lidando com medo, depois se envolve com orgulho e preconceito e termina com amor, a gente vai sair do cinema se perguntando: "Sobre o que afinal era essa história mesmo?".

Em *Mad Men*, Matthew Weiner, um antigo roteirista de *The Sopranos*, apresenta o protagonista Don Draper como um conquistador carente, alcoólatra, excêntrico e autoritário, um gênio da publicidade, que se apaixona por seus casos amorosos num mundo patriarcal, racista e machista. É revelado que ele tem uma vida dupla, seu nome de verdade é Dick Whitman, um ex-covarde que fez de tudo para se livrar da Guerra da Coreia. Sua busca pela própria identidade é refletida em todos os personagens, em quase todas as cenas, em todos os episódios e em todas as sete temporadas — ou seja, em toda a série.

A revista *Business Insider* listou por que *Mad Men* é uma das melhores e mais bem escritas séries de todos os tempos:

1. Uma reviravolta nunca conduz a narrativa, como nas outras séries. As revelações não são muito exploradas.
2. Os personagens são memoráveis, e o público se identifica com todos.
3. A relação entre Don e sua ex-secretária, Peggy, é das mais complexas, envolve admiração, abuso moral e cumplicidade, sem nenhuma referência sexual.
4. Cada episódio parece um conto.
5. Os personagens lembram jornadas literárias, como personagens de livros.
6. Destacam-se a entrega, qualidade e beleza do elenco.
7. O capricho do figurino, direção de arte, composição de época.
8. Apesar de se passar nos anos 1960, ela parece falar dos dias de hoje e de temas sempre relevantes, como racismo, machismo, relações abusivas no trabalho, estresse, depressão, vícios e até da falta de cuidado com o lixo.

SÉRIES NO BRASIL

"De noite ou de dia, firme no volante, vai pela rodovia, bravo vigilante..." No Brasil, crianças e adolescentes dos anos 1960, o começo da TV, sabiam de cor a música da abertura da pioneira série de 38 episódios *O vigilante rodoviário*, produção exibida pela TV Tupi, reprisada depois pela Globo, e de *Capitão 7*, da Record.

O vigilante rodoviário foi um fenômeno. Tanto que seu ator, Carlos Miranda, responsável por dar vida ao policial rodoviário inspetor Carlos, encarnou na pele o personagem, largou a atuação, entrou para a polícia e foi vigiar rodovias dia e noite, em cima de uma Harley-Davidson ou no seu Simca Chambord, na época o carro mais veloz da indústria automobilística nacional.

Logo a Rede Globo adotou a fórmula com séries memoráveis como *A grande família*, *Ciranda cirandinha*, *Carga pesada*, *Malu Mulher*, *Plantão de polícia* e até o interativo *Você decide*, cujo final o público escolhia.

O humor e a irreverência dos anos 1980 dominaram séries como *Armação ilimitada* e *TV Pirata*. A dupla Fernanda Young e Alexandre Machado criou obras-primas como *Os normais* e *Os aspones*. A Record, com um núcleo de teledramaturgia não muito consolidado, mas nadando em dinheiro, embarcou em séries religiosas superproduzidas, como *A história de Ester*, *Rei Davi*, *José do Egito* e *Milagres de Jesus*. Já a TV Cultura se especializou em séries infantojuvenis como *Castelo Rá-Tim-Bum*, *Cocoricó* e *Confissões de adolescente*. Esta última foi continuada pela Band, que também produziu *As aventuras de Tiazinha*.

A Globo Filmes, desde o longa-metragem *Guerra de Canudos*, de 1996, filme de 2h40 de Sérgio Rezende, costuma levar produções cinematográficas próprias para a telinha da TV Globo, dividindo-as em episódios, como numa série. Alguns filmes ganharam cenas extras, como *Elis*, de Hugo Prata, que dois anos depois de o filme ter sido lançado voltou ao estúdio para gravar cenas e incrementar a série. O filme *Tim Maia*, de Mauro Lima, foi para a TV com depoimentos de personagens vivos. E causou polêmica, já que um personagem retratado, o rei Roberto Carlos, contratado da Globo, deu depoimentos mudando algumas versões da história narrada. Uma escandalosa interferência no trabalho do diretor-roteirista, que pegou mal para a emissora, mais preocupada em limpar a barra do personagem biografado do que com a obra de arte.

Hoje a Globo Filmes sugere que o roteiro de alguns produtos, filmes, com potencial para virar série já seja dividido em quatro atos independentes, assim o filme pode ser exibido ao longo da semana em partes, na terça-feira, na quarta-feira, na quinta-feira e na sexta-feira. Segunda-feira historicamente é dia de *Tela quente*, e é mais fácil a Globo mudar de logo do que de grade — ou seja, a programação. Televisão aberta é hábito, ainda mais no Brasil, onde o almoço e o jantar são pautados por ela.

Filmes que são vistos por centenas de milhares ou poucos milhões de espectadores no cinema serão exibidos em quatro partes para dezenas de milhões de pessoas na televisão. Portanto, todos ganham com isso.

Com a crise global por conta da pandemia, a Globo anunciou que integraria em 2021 a TV aberta, a fechada e o streaming. Anunciou o remake de um megassucesso de 1990, da antiga concorrente, a TV Manchete: *Pantanal*.

A jornalista Cristina Padiglione escreveu: "A Globo não foge à regra, mas se viu calçada num planejamento oportuno para apresentar uma grade de programação robusta no ano que vem [2021], graças à união com os canais pagos do grupo e seu serviço de streaming, o Globoplay, num modelo batizado como 'Uma Só Globo', em prática desde o início deste ano".

Enfim, a HBO pegou as maiores produtoras de cinema e de filme publicitário do Brasil e investiu em séries de televisão: *Mandrake* (Conspiração Filmes), *Filhos do Carnaval* (O2), (*fdp*)

(Pródigo), *O negócio* (Mixer) e *Alice* (Gullane). Curiosamente, não era gente de TV. Os melhores diretores de cinema do país, como Fernando Meirelles, Cao Hamburger, Cláudio Torres, Carol Jabor, Zé Henrique Fonseca, Sérgio Machado, Karim Aïnouz e Caíto Ortiz, foram convocados para dar início à era das séries brasileiras da TV paga, e apenas os dois primeiros já tinham trabalhado na TV, com *Castelo Rá-Tim-Bum* para a TV Cultura. E por que isso? Simples: queriam uma TV diferenciada, mais sofisticada, com cara de cinema.

A Netflix chegou e investiu na mesma galera, começando com a série *3%*, dirigida pelo premiadíssimo César Charlone. Dênis Nielsen, roteirista da Netflix (*3%* e *Sintonia*), deu uma explicação para isso: "Segundo a percepção dos profissionais da área de audiovisual, a terceira era de ouro da televisão é marcada por uma inversão ou um casamento de aspectos entre a TV e o cinema. Enquanto as produções televisivas têm qualidade visual cada vez melhor — é só pensar em séries como *Game of Thrones* e *The Crown*, cujas produções são tão caras e tecnológicas quanto as de cinema —, os filmes estão ficando mais serializados, com cada um se tornando um 'episódio' de um todo, vide o universo cinemático da Marvel e os próprios episódios de *Star Wars*. Enquanto as séries passam a ter qualidade de cinema, o cinema de consumo em massa passa a se comportar como série".

UMA ADAPTAÇÃO É FIEL?

Fiel a quê, à interpretação ou à visão de um autor? O próprio termo já diz tudo: é uma adaptação. Pode ser baseada ou inspirada. Quando é baseada, costuma seguir as linhas da trama do livro ou da peça adaptada. Quando é inspirada, segue a trama geral.

Muitos personagens novos precisam ser inventados para ampliar ou resumir a trama. Outros são fundidos para dar camadas a eles. Tem adaptações 100% fiéis à obra original. Polanski filmou a peça *Deus da carnificina*, de Yasmina Reza, do começo ao fim num apartamento. Esse não é o único exemplo, muitas peças de teatro foram adaptadas para o cinema, como clássicos de Shakespeare e de Tennessee Williams. Neil Simon é um dramaturgo americano constantemente adaptado para as telas, assim como David Mamet, Sam Shepard, Woody Allen e até o Nobel de literatura Eugene O'Neill.

A peça *Orfeu da Conceição*, de Vinicius de Moraes, rendeu filmes brasileiros e um francês (Palma de Ouro em Cannes e Oscar de Melhor Filme Estrangeiro de 1959). O vencedor do Oscar de 2017, *Moonlight*, é uma adaptação da peça *In Moonlight Black Boys Look Blue*, de Tarell McCraney. Peças de teatro também viraram séries. *I Love Lucy*, *Ilha dos birutas* e *A família Addams* tiveram origem nos palcos. A produção Amazon-BBC sensação do Emmy 2019 e do Globo de Ouro 2020, *Fleabag*, que ganhou por melhor atriz e série cômica, também é uma adaptação de uma peça teatral.

Costuma-se dizer que filme baseado em livro é a escolha de apenas uma trama: a principal. Existem adaptações totalmente fiéis, ou seja, em que os livros foram adaptados para o cinema exatamente como foram escritos. O clássico de Fitzgerald *O grande Gatsby* ganhou uma versão com Robert Redford, em 1974, e outra com Leonardo DiCaprio, em 2013. Difícil saber qual delas é mais fiel ao livro, apesar de Leonardo DiCaprio conseguir imprimir um cafonão novo-rico melhor que Redford. Gatsby nada tinha a ver com a sofisticação de Redford. Mas aí, é com a direção.

E não adianta dizer que o livro é sempre melhor do que o filme adaptado. Stanley Kubrick, um dos maiores cineastas de todos os tempos, costumava filmar contos e livros medianos e transformá--los em obras-primas do cinema. A exceção foi *Lolita*, clássico de Nabokov de 1955, que se tornou um dos livros mais importantes do século passado ao aprofundar a história do narrador não confiável. Kubrick errou na dose. Na adaptação cinematográfica de 1962, deixou de lado a primeira parte do livro, fundamental para a trama, e fez do personagem pedófilo a vítima de uma paixão. Ou foi pressão da censura/estúdio?

Creditam a Fellini a ideia de que ele lê apenas uma vez a obra que vai adaptar sem nunca voltar a ela, reinventa tudo e fica com a primeira impressão que a única leitura deixara. Também pode ter sido John Huston quem disse isso. Ou Hitchcock. Para eles, o que vale é a ideia: uma adaptação é uma leitura de relance.

Se livros resultam em filmes, por que não em séries? *Killing Eve, The Handmaid's Tale, Outlander, True Blood, The Vampire Diaries, Dexter, Hannibal, Orange Is the New Black, Band of Brothers*, todas nasceram impressas.

Game of Thrones é um caso à parte. Já era um *case* de sucesso nas livrarias quando virou série. Seu autor, George R. R. Martin, prestou consultoria para os escritores da série, mas não foi responsável por adaptar os livros. Até o quarto ano da série, ele escrevia um episódio por temporada.

Na verdade, *Game of Thrones* é o título do primeiro volume de 1996 da coletânea *As crônicas de gelo e fogo*. Depois vieram *A fúria dos reis*, de 1998, *A tormenta de espadas*, de 2000, e *O festim dos corvos*, de 2005. A série estreou na HBO apenas em 2011. Quando o volume *A dança dos dragões* apareceu nas livrarias em julho de 2011, a série já estava em andamento desde abril.

Os responsáveis por adaptar os livros para essa série de grande orçamento e repercussão, que ganhou quatro Emmys de melhor série dramática, foram os *showrunners* David Benioff e D. B.

Weiss. Muitos personagens foram cortados, em especial a partir da quarta temporada. A história da Daenerys, por exemplo, mudou muito, porque diversos personagens que aparecem nos livros foram cortados da série já na quarta e na quinta temporadas. O príncipe de Dorne na versão impressa apoia Daenerys e manda um filho para se casar com ela. Esse filho nunca apareceu na série. A própria herdeira de Dorne não apareceu na série. Uma decisão interessante dos *showrunners* foi mudar a história de Sansa. Eles pegaram a história de uma personagem terciária, que se casa com o psicopata Ramsay Bolton nos livros fingindo ser Arya Stark, e colocaram a Sansa para protagonizar essa narrativa.

Eles também criaram o personagem Rei da Noite, que existe nos livros, mas não da mesma forma, para personificar a Longa Noite e a ameaça dos White Walkers. Nos livros, eles não têm um líder, e Jon Snow não tem apenas um rival. Para deixar todo mundo mais doido, o livro da última temporada ainda não está escrito nem sabemos se será lançado um dia. Também foram feitas adaptações para deixar alguns personagens mais ou menos bonzinhos.

A ERA NETFLIX

A pandemia do novo coronavírus, o isolamento e a quarentena forçada trouxeram outros números para o mercado, consolidando a liderança da Netflix no mercado de streaming. O consumo de mídia aumentou no mundo inteiro e a empresa viu seu número de assinantes subir 16 milhões só no primeiro trimestre de 2020.

Criada em 1997 pelo matemático e cientista da computação Reed Hastings e pelo marqueteiro e empreendedor Marc Randolph, a Netflix começou como um serviço on-line de aluguel de DVDs: em vez de ir para a locadora, o usuário escolhia quais filmes queria ver pelo site da Netflix; os DVDs eram então enviados pelo correio em envelopes vermelhos e recolhidos diretamente na residência de cada usuário da mesma forma; os pagamentos eram feitos por DVD alugado ou por assinaturas mensais que davam direito a certo número de DVDs — de acordo com o valor pago. E não tinha multa por atraso na devolução.

O serviço deu certo. Hastings e Randolph tentaram vender a Netflix para a já extinta locadora Blockbuster, mas sem sucesso. Sorte deles. A gigante Blockbuster faliu junto com o mercado de locadoras de vídeo e de DVD em 2010. Paradoxalmente, por culpa da internet, que impulsionou o negócio do streaming, ou seja, da própria Netflix.

Eles persistiram e viram um aumento inesperado de usuários em 2001. Com o atentado às Torres Gêmeas, a população americana amedrontada não queria deixar suas casas, preferindo pedir seu entretenimento em casa em vez de ir buscá-lo nas locadoras. Em 2005, a Netflix contava com mais de 35 mil títulos.

O serviço de streaming que tornou a Netflix a gigante que é hoje, no entanto, só viria em 2007, meses após a Amazon montar sua própria plataforma completamente on-line para alugar filmes e séries. Copiando esse sistema, a Netflix incorporou também a ideia de que o valor da assinatura poderia dar acesso aos títulos disponíveis. A partir daí, a empresa passou a fechar acordos de distribuição com produtoras e estúdios e aumentar exponencialmente seu catálogo.

O negócio era bom para todo mundo: estúdios viam a chance de terem suas séries e seus filmes já exibidos (e pagos) oferecidos para um novo público e ganhariam uma porcentagem por cada exibição. Até hoje, ter um filme no catálogo da Netflix é comemorado. Até que...

Em 2010, a Netflix começou o processo de internacionalização ao expandir para o Canadá. Quatro anos depois, ela atingiu a marca de 50 milhões de assinantes espalhados por 41 países. Mas só distribuir conteúdo não era mais suficiente. Com o surgimento de serviços de streaming dentro dos próprios canais e a eventual retirada do conteúdo pelos estúdios produtores, como aconteceu com a Disney, a Netflix passou a correr contra o tempo e a montar um catálogo de produções originais.

No começo de 2020, a Netflix enfim divulgou dados até então trancados a sete chaves. Os mais de 60 milhões de americanos pagam um total de 9 bilhões de dólares ao ano para assiná-la. Porém, o streaming perdeu 126 mil assinantes nos Estados Unidos durante o segundo trimestre de 2019. Era a primeira vez que a Netflix diminuía. Lá, ela crescia lentamente, sugerindo que havia chegado ao topo de possíveis assinantes. Qual seria a solução? A empresa se internacionalizou. Banida na China, cresceu na Europa, no Brasil, no México e na Índia. Focou em séries a que todos assistem e em produções locais.

Na América Latina, do México à Argentina, dobrou seu número de assinantes desde o início de 2017 (chegando a 29 milhões). É a região que menos proporcionou lucro à empresa (8,21 dólares mensais por assinante contra 12,36 dólares mensais de americanos e canadenses).

No Brasil, por exemplo, o concorrente número 1 do streaming passou a ser a emissora de televisão aberta número 1, a Rede Globo. A Netflix entendeu o mercado e o gosto dos brasileiros por telenovelas. Percebeu que assinantes mais velhos têm dificuldades em abandonar velhos hábitos, como assistir à novela das nove. E que os fãs de séries mais velhos, porém mais escolarizados, veriam *House of Cards* e *The Crown*. Percebeu que o jovem não vê televisão como seus pais. Talvez devesse conquistá-los primeiro, para depois chegar à família e levá-la a assinar o canal. Assim, apostou numa estratégia similar à que a HBO fez com *Game of Thrones*, um *case* de sucesso juvenil baseado numa literatura lida majoritariamente por jovens.

A Netflix conhece a história da desigualdade social brasileira e os conflitos gerados por ela. Resultado: tramas juvenis com tramas socioculturais, como *3%*, *Sintonia* e *Irmandade*. Pode não agradar a um público mais exigente, como o de *The Crown*. Mas essas séries se popularizaram e roubaram consumidores que antes eram fiéis à televisão aberta, por assumir uma linguagem próxima à da telenovela.

A região Ásia-Pacífico, que inclui Coreia do Sul, Japão e Índia, é onde a empresa cresce mais rapidamente (14 milhões de assinantes, que representam 9% do total do canal). A segunda maior é a região que engloba Europa e partes da África e do Oriente Médio (47 milhões de assinantes). Isso aconteceu exatamente por conta de *La Casa de Papel*, considerado um tremendo sucesso, e, claro, pela espetacular, premiada e cara *The·Crown*.

Tudo começou com *House of Cards*. Foi a primeira série de produção própria, seguida de *Orange Is the New Black*, ambas de 2013. Em parceria com a recordista de bilheteria Marvel, a Netflix passou também a produzir séries de super-heróis, como *Demolidor* e *Jessica Jones* (ambas canceladas devido ao fim do contrato entre a Netflix e a Disney).

Atualmente, a Netflix é conhecida por suas séries de comédia autorais e dramáticas, como *BoJack Horseman*, *Master of None* e *Unbreakable Kimmy Schmidt*, assim como pelo estrondoso sucesso *Stranger Things*, por séries adolescentes como *13 Reasons Why* e por fazer séries excelentes ganharem nova vida, como a genial *Better Call Saul* e *Schitt's Creek*. Investe pesado em filmes, documentários e stand-ups, sendo responsável pelo renascimento do gênero (gastou até 150 milhões de dólares em um único programa de stand-up). Fechou com a poderosa Federação Internacional de Automobilismo e passou a cobrir a Fórmula 1 numa série anual, *Drive to Survive*, com temperos de série de ficção (suspense, emoção, conflitos, personagens com camadas e ganchos). Revolucionou outro pilar da indústria: a grade, o tempo ou a estação de se lançar uma série.

Ao contrário da programação padrão dos canais de televisão — sejam abertos ou pagos —, a Netflix inovou e disponibilizou temporadas completas dos títulos que possui de uma vez. O usuário não precisa mais esperar uma semana para assistir ao próximo episódio, ele pode ver vários seguidos ou até tudo de uma vez. Esse fenômeno de consumo imediato já era experimentado pelos usuários de DVD e se ampliou. Ficou conhecido nos Estados Unidos como *binge-watching*, termo que tem origem em *binge--eating* e *binge-drinking*, que se referem ao consumo excessivo de comida e bebida, respectivamente.

Binge-watching, ou maratonas de episódios, mudou não apenas a forma como os espectadores assistem a séries, mas também como os roteiristas as escrevem. Incongruências e repetições são mais facilmente detectadas do que no formato semanal. Muitas salas de roteiros passaram a escrever filmes de dez horas em vez de dez pedaços de uma história em que cada um tem começo, meio e fim, sem incluir *cliff-hangers* (ganchos). A ideia era desenvolver capítulos como num livro, com ganchos naturais.

A linguagem mudou. Se até então a narrativa era dividida em blocos marcando os atos, ela agora não precisa desses *breaks*, e quem conduz a história é o personagem, que tem a oportunidade de se desenvolver de forma mais lenta. Na terceira temporada de *The Crown*, por exemplo, um personagem ganha destaque a cada episódio. Não é mais a rainha Elizabeth II quem comanda a trama.

O filho Charles cresce. Os dilemas da princesa Margareth, irmã da rainha; do marido Philip; da sogra, exilada na Grécia; do tio, Eduardo VIII; e dos primeiros-ministros ganham peso.

Se por um lado esse sistema de maratona abre espaço para que mais séries sejam lançadas, ele também coloca a longevidade das séries em risco. No mundo do cinema, o final de semana de estreia dos filmes é considerado o mais importante para determinar o retorno financeiro da obra. No mundo dos serviços de streaming, o mesmo acontece com as primeiras semanas de lançamento de uma temporada. A série como um todo pode ser cancelada ou renovada. Tudo depende do quão rápido as pessoas consomem aqueles episódios.

House of Cards, a primeira série original da Netflix, acompanha a vida do ambicioso casal de políticos formado pelo deputado Frank Underwood (Kevin Spacey) e Claire Underwood (Robin Wright). Uma aposta ambiciosa, *House of Cards* foi um tremendo sucesso e impulsionou novas séries originais. Foi a primeira série a ser lançada com os treze episódios disponíveis de uma vez, todos no dia 1º de fevereiro de 2013. Ted Sarandos, co-CEO da Netflix, disse que, "na época, todos achavam esse modelo insano. Executivos me ligavam dizendo 'não seja louco — faça o público voltar a cada semana!'. E aquilo soava como mais uma insatisfação no entretenimento. Eu acredito que existe um business maior na satisfação do cliente". Hoje, muitos imitam esse modelo.

Baseada no romance de mesmo nome de Michael Dobbs, ela é repleta de reviravoltas e traições, e não abre mão daquilo que tornou as séries um fenômeno: os personagens estranhos. Os complexos personagens de *House of Cards* buscam ascensão política a qualquer custo. Algo em curso na maior parte das democracias.

Outra inovação: logo no começo da segunda temporada, uma das personagens principais, Zoe (Kate Mara), é assassinada. E por Frank, o personagem principal. Matar um protagonista, que posa nos cartazes e no material de divulgação da série, era algo impensável no passado, que também foi amplamente explorado por *Game of Thrones*. Ora, é uma série. Mata-se um personagem do front e se introduzem outros, quando quiser — existe uma fonte inesgotável de atores, conflitos e tramas.

Apesar da popularidade como série de ficção, *House of Cards* ficou marcada de maneira negativa quando o ator principal, Kevin Spacey (o presidente conspirador Frank Underwood), foi acusado de assédio sexual. Junto à Netflix, os produtores da série resolveram afastar Spacey e continuar com Robin Wright (que fazia a primeira-dama Claire Underwood) como a nova protagonista solo da história. Foi um fracasso.

Cinco meses depois da estreia de *House of Cards*, veio *Orange Is the New Black*. Mais uma aposta ousada da Netflix: uma série protagonizada só por mulheres. A série, um exame do sistema penitenciário americano, segue sua protagonista branca e de classe média alta, Piper Chapman (Taylor Schilling), durante os quinze meses de encarceramento devido ao seu envolvimento no passado com o tráfico de drogas. Num mundo completamente diferente do seu, Piper aprende a lidar não apenas com suas colegas de cela, mas também com as expectativas e os preconceitos da sociedade.

Outro grande sucesso, *Orange Is the New Black* usou sua premissa para expandir os assuntos tratados em cada temporada. Quase que episódica, essa série coloca as personagens umas contra as outras a todo momento. As alianças e rivalidades em constante mudança são coloridas por flashbacks de quando as detentas estavam livres.

Com sete temporadas, *Orange Is the New Black* foi bastante aclamada pelo público, em especial pela maneira como humanizou as detentas de Litchfield, além de ter trazido representatividade para a TV, com os diferentes tipos de corpos retratados, e tocado em assuntos como racismo, homofobia e misoginia. Ainda que suas temporadas finais tenham perdido um pouco da audiência, a última temporada foi um grande sucesso.

Black Mirror é uma antologia como *The Twilight Zone*, que explora o uso extremo de tecnologias, e virou sinônimo de "coisas estranhas que a tecnologia faz nas pessoas". Ela traz histórias completamente diferentes a cada episódio. Criada pelo comediante Charlie Brooker, a série britânica independente e cult tinha duas temporadas curtas, amplamente pirateadas, quando a Netflix a comprou e passou a produzi-la.

Contando com atores como Bryce Dallas Howard, Jon Hamm e Hayley Atwell, *Black Mirror* tem episódios complexos sem medo de entregar finais tristes ou até mesmo deprimentes. O grande mérito da série são suas histórias que, ainda que envolvam tecnologias malucas, falam acima de tudo da humanidade e de seus desejos. Ou seja, independentemente do futuro e dos avanços da ciência, a humanidade e seus conflitos individuais permanecem os mesmos.

A grande sacada da Netflix foi ver o potencial de *Black Mirror*, até então conhecida apenas por um seleto grupo de pessoas com acesso a canais indie ou *torrents*, levá-la para sua plataforma e injetar grana para produzir novas temporadas, com tamanhos diversos, sem que isso impeça o público de "maratonar" os episódios assim que estreiam no canal.

Devido ao relacionamento próximo com inovações tecnológicas, *Black Mirror* foi escolhida para testar um novo tipo de interação de mídia e espectador. O filme *Bandersnatch*, no qual o espectador escolhe o que acontece com os personagens enquanto assiste, foi bem aceito, embora mais pela inovação de controle da trama do que pela fidelidade ao espírito da série.

Master of None, série criada, dirigida e protagonizada pelo comediante Aziz Ansari, trata da vida de Dev Shah, um ator de trinta anos reconhecível por ter feito um comercial de iogurte. A série acompanha o dia a dia do filho de imigrantes indianos em suas conquistas e perdas tanto amorosas quanto profissionais. Dotada de um senso de humor pesado, *Master of None* inovou o formato de comédias de trinta minutos. Longe de ser uma sitcom, a série conquistou a crítica com suas cenas cotidianas de Nova York e com retratos mais próximos da vida que todos vivemos — tem uma classificação de 100% no Rotten Tomatoes, com a média de 9/10. Ganhou diversos prêmios, como um Critic's Choice Award, dois Emmys e três Globo de Ouro para a atuação de Aziz Ansari. Porém, o autor também foi acusado de abuso. Depois fez mea-culpa e se desculpou publicamente num stand-up de muito sucesso produzido pela própria Netflix. Declaradamente inspirada em Woody Allen e no cinema italiano de Fellini, teve duas temporadas (uma em 2015 e outra em 2017, na Itália). A terceira? Foi engavetada.

Stranger Things foi escrita para três núcleos de faixas etárias diferentes, buscando uma fórmula perfeita para o sucesso: alcançar todos os nichos. Três conflitos principais são introduzidos no começo de cada temporada e perseguidos por grupos menores do grande elenco de personagens. Com a aproximação do final da temporada, esses conflitos se entrelaçam para que, nos últimos episódios, o elenco inteiro se reúna para o confronto final.

A série, criada, roteirizada e dirigida pelos irmãos Duffer, aposta na nostalgia da cultura pop dos anos 1980 e faz diversas referências às obras de grandes nomes do período, como Steven Spielberg, Stephen King, George Lucas e Ridley Scott. Campeã de maratonas da Netflix, a terceira temporada de *Stranger Things* foi assistida em dois dias por mais de 18 milhões de contas do serviço de streaming.

Já 13 Reasons Why é sinônimo de polêmica: é a história por trás do suicídio de Hannah Baker (Katherine Langford) e como isso impactou seus colegas de classe. A série segue Clay Jensen (Dylan Minette), um típico adolescente, enquanto ele ouve as treze fitas cassete que Hannah gravou contando os motivos que a levaram a fazer o que fez.

Cada episódio da primeira temporada foca numa das fitas cassete e conta alguma coisa sobre um dos colegas de Hannah e de Clay. Esses segredos, testemunhados por Hannah, criam o contraste entre como os alunos de Liberty High se comportam e quem eles realmente são.

Com a intenção de trazer à tona temas como bullying, estupro e depressão, 13 Reasons Why logo sofreu duras críticas pela maneira com que retratou — ou deixou de retratar — tais assuntos e doenças mentais. A série também foi contra as recomendações da Organização Mundial de Saúde ao mostrar o suicídio de Hannah de maneira explícita. Mesmo assim, ela foi renovada mais três vezes, indo além do livro que lhe deu origem.

A brasileira 3% investe na onda da distopia. Num mundo de extrema pobreza, em que apenas 3% da população vive no exclusivo Maralto, um local perfeito, jovens de vinte anos passam por diversos testes sob a supervisão de Ezequiel (João Miguel) para decidir quem vai para lá. O que Ezequiel e o Maralto não sabem é que a candidata Michele (Bianca Comparato) é uma infiltrada da resistência.

A série 3% trata de injustiças e do falso senso de superioridade justificado por uma meritocracia arbitrária. O criador, Pedro Aguilera, foi influenciado por diversas obras distópicas, criando uma série que explora a falibilidade humana e como ela interfere nos processos de decisão. Depois de fazer um piloto de sucesso no YouTube, ficou anos aprimorando o roteiro da série.

Inicialmente menosprezada pela crítica brasileira, 3% alcançou êxito internacional. Segundo a Netflix, 3% foi a série de língua não inglesa mais assistida da plataforma em 2016 e ganhou mais três temporadas para completar a história.

Quando a Netflix veio com força para o Brasil em 2014, seus executivos de desenvolvimento não priorizaram grandes nomes do audiovisual brasileiro para escolher em que séries apostar. Antenada, a primeira série escolhida foi uma que já tinha um piloto no YouTube, reunindo uma pequena legião de seguidores, e que tratava de um universo jovem e distópico na mesma época em que *Jogos vorazes* era um sucesso mundial. Para a Netflix, a temática da série mais o sucesso inicial do piloto eram mais atrativos do que grandes nomes nacionais.

O caso de *Coisa mais linda*, série da Pródigo para a Netflix, é curioso. A produtora brasileira sugeriu uma série que falasse da Bossa Nova e do histórico encontro entre Tom Jobim e Frank Sinatra. Porém, a resposta da matriz americana foi surpreendente: "Jobim, tudo bem, amamos ele, mas Frank... Não". Os roteiristas, então, criaram uma série sobre uma jovem adulta que conquista sua independência ao montar um clube de música de Bossa Nova, palco do encontro entre versões dos músicos, sem Jobim e Sinatra.

A empresa contabilizava no começo da década de 2020 mais que o dobro de assinantes fora dos Estados Unidos do que dentro: 123 milhões no resto do mundo contra 60 milhões de americanos. Traduzindo: séries estrangeiras no catálogo foram outra sacada da plataforma, uma necessidade mercadológica. Só na Europa, foram 221 projetos; 50% a mais que em 2018. Ou seja, alguns *showrunners* estrangeiros ganharam o mesmo status de seus colegas americanos. *La Casa de Papel* é o caso mais notório. Nosso Pedro Aguilera, de 3%, também chamou a atenção da sede americana e está em alta.

A série *La Casa de Papel*, menina de ouro da Netflix e ganhadora de um Emmy Internacional em 2018, começou num canal espanhol, Antena 3, no qual passou uma temporada de quinze episódios. Só então a Netflix comprou a série, e o criador reescreveu os episódios — ele conta que queria levar o "gênero *heist*" (crime com assalto) para a TV. Como o gênero é em geral mais visto por homens, os roteiristas decidiram escrever a série majoritariamente pelo ponto de vista feminino, para atrair mulheres também. Espertos.

A Netflix começou a produzir séries originais porque queria ser como a HBO. Hoje produz filmes, séries, documentários, realities e stand-up. Produz muito, para e sobre uma variedade de nichos, todos mais amplos que seu projeto original.

INOVAÇÕES TRAZIDAS PELO FX

O crédito de inovação em séries com frequência é atribuído à HBO, o canal pago mais antigo da TV americana (no ar desde 1972) e o primeiro a trazer filmes sem comerciais, séries originais, documentários e música. "*Different and First*" [Diferente e pioneiro], dizia seu slogan. Foi nos anos 1990 que o slogan mudou para "*It's not TV, it's HBO*" (de 1996 a 2009), quando seu estúdio produziu *The Larry Sanders Show*, série que logo se tornou cult e é considerada uma das melhores de todos os tempos, se fôssemos listar as cem mais. Foi o primeiro canal a virar HD, em 1999, além de ter produzido *The Sopranos*, *Sex and the City* e a magistralmente bem escrita *Six Feet Under*.

No entanto, *credit where credit is due* [crédito a quem merece]: no panteão do seriado americano, um canal foi e continua sendo tão inovador quanto, e deve ser reconhecido como tal: o FX.

O canal que exibe *Atlanta, Pose, American Crime Story, Fargo* e *Fosse/Verdon* quebra padrões desde seu início, em 1994, quando seu logo era só fX e a programação era ao vivo — transmitida de um apartamento no Flatiron District em Nova York. Só para citar um programa desse período, o inesquecível *Breakfast Time*, que todas as manhãs, durante duas horas, se apresentava ao vivo de diferentes áreas de um apartamento.

Suas primeiras séries originais, produzidas pela empresa-mãe 20th Century Fox — *Bobcat's Big Ass Show, Instant Comedy with the Groundlings* e *Penn & Teller's Sin City Spectacular* —, embora ousadas, foram canceladas depois de um ano. Porém logo vieram *The Shield, Nip/Tuck, Rescue Me* e *Damages*. E o canal bolou os slogans *"There is No Box"* [Não tem caixa], uma provocação em que a TV seria a caixa, e o atual *"FX Network Fearless"* [FX canal sem medo], porque corajosos é o que eles são mesmo.

Apesar de menos festejado que Gandolfini, Michael Chiklis viveu o multidimensional Vic Mackey a partir de 2002, e era a alma de *The Shield* no FX. Na série criada por Shawn Ryan, Mackey era um policial corrupto, líder de uma força-tarefa da polícia de Los Angeles, bom no que fazia, porém ruim em todo o resto. Mackey era capaz de afundar no submundo só para prender um bandido, violar a lei só para dar ordem ao caos. O ator foi o primeiro a receber um Emmy por uma série da TV paga, chocando a Academia.

The Shield foi revolucionária desde o primeiro episódio: Vic Mackey mata um policial que tinha entrado para sua equipe para investigá-lo. Ali já aparecia a ambiguidade moral que estaria presente em mais sete temporadas e 88 episódios. Assim como em *Breaking Bad*, a sala de roteiro de *The Shield* passava semanas debatendo até onde Vic Mackey iria, qual era seu limite na distinção entre certo e errado. E o chefe do FX, John Landgraf, prefeito não oficial da TV, orientava Ryan a pensar mais longe, a pensar numa tragédia shakespeariana em vez de apenas mais uma série sobre procedimento policial. O estilo visual — do tipo documentário, tão comum hoje em dia — também foi o primeiro do gênero, e no começo causava estranhamento. Mas pode-se argumentar que *The Shield* é um *The Wire*, da HBO (protagonizado por outro policial irlandês ambíguo e de sangue quente, Jimmy McNulty), mais fácil de digerir.

Nip/Tuck foi o primeiro trabalho de sucesso de Ryan Murphy, que é hoje um superprodutor festejado, e que apostava em contradições. Aliás, seu *pitch* para o estúdio tinha apenas seis frases que ilustravam essa contradição: é uma história sobre dois amigos, mas que competem entre si; sobre dois homens que se amam, mas não são gays; sobre dois amigos apaixonados pela mesma mulher, mas só um deles é casado com ela; sobre dois homens sócios de uma empresa, mas tremendamente imaturos; sobre dois homens que procuram inovar e se tornar seres humanos melhores, mas sempre tomam as piores decisões possíveis; sobre dois homens que lidam com a beleza, mas têm de fazer coisas horríveis. Por fim, ele disse que a história se passava numa clínica de cirurgia plástica.

Nip/Tuck foi um sucesso imediato quando estreou em 2003. E, claro, também foi controverso. Era uma série médica que satirizava a obsessão pela beleza enquanto abordava assuntos tabus, como pedofilia, incesto, transgênero ou um iogue que queria diminuir o tamanho do pênis, porque não conseguia parar de praticar sexo oral em si mesmo. Sim, podia ser ao mesmo tempo chocante e muito engraçada.

No fundo, é uma série sobre autoaceitação, porque ninguém é perfeito — a frase-chave dos protagonistas de *Nip/Tuck* era: "Me diga o que você não gosta em você". Segundo Murphy, era um tributo a uma de suas obsessões de juventude: o filme *Ânsia de amar*, de Mike Nichols, e com uma mensagem feminista disfarçada, "as verduras escondidas no meio do algodão-doce".

Damages foi a série que colocou a atriz Rose Byrne no mapa, além de ter sido a primeira a usar *flashforward* — quando uma sequência cronológica narrativa é interrompida pela interpolação de eventos posteriores, isto é, por um evento futuro ao que está sendo apresentado na trama — numa série de TV. Era uma série profunda e intensa, que testava a lógica do tempo com uma narrativa de qualidade e roteiros incríveis, que desafiaram o gênero de procedimento jurídico. A primeira temporada começa com a jovem Ellen (Rose Byrne) descobrindo o corpo ensanguentado de seu noivo, o médico residente David Connor. A própria Ellen também sofre um atentado, resultado de sua associação com Patty (Glenn Close), mas isso só é revelado no final. A partir disso, a narrativa intercala passado e futuro, mantendo o espectador engajado, tentando saber quem é o assassino e qual o motivo, entre muitas reviravoltas. Foram cinco temporadas desde 2007. Todas traziam Glenn Close e Rose Byrne tentando matar uma à outra, enquanto se envolviam com intrigas políticas, empresariais e criminosas.

A série foi criada pelos irmãos Kessler, que depois voltariam a usar o *flashforward* na ótima *Bloodline*. Todd Kessler, por sua vez, foi roteirista de *The Sopranos* e responsável por diversos episódios das primeiras quatro temporadas.

The Americans é uma das melhores séries da história da televisão. Ponto. Em parte drama familiar, em parte suspense da Guerra Fria, a série conta a história de Phillip (Matthew Rhys) e Elizabeth Jennings (Keri Russell), um casal de espiões russos treinados pela KGB para servirem como *sleeper agents* completamente integrados à cultura americana, preparados para conseguir informação através da sedução e do sexo. É claro que acabam se envolvendo um com o outro. Estão lá o *square dance*, a casa de subúrbio com uma van na garagem, o casal de filhos, que combinam com esse cenário, o hino dos Estados Unidos decorado. Com o visual típico dos anos 1980, a série equilibra espionagem com os muitos conflitos desse casal que precisa mentir para viver: para os filhos, para o vizinho agente do FBI, para os colegas de trabalho, para a sociedade americana. Elizabeth é leal à União Soviética e vive o paradoxo de criar os filhos com os valores de sua terra natal, mas sem dizer por quê. Phillip, mais complexo e mais integrado à cultura americana, pensa até em abandonar a KGB de vez para proteger a família. E o casal, há anos unido apenas pelo amor à pátria, começa a se apaixonar de verdade.

A série não foi um êxito de audiência na primeira temporada, mas o visionário John Landgraf não se deu por vencido. Chamou os criadores Joe Weisberg e Joel Fields, e os três cogitaram tornar a série mais abrangente, tirando a "tristeza subjacente à história". No entanto, concluíram que se fizessem isso, deixando a série mais sexy e mais voltada para a ação, ela seria apenas mais uma série de espionagem. "Uma decisão difícil quando você está administrando uma empresa que precisa de anunciantes", disse Landgraf. Mas Weisberg e Fields tomaram isso como um empurrão para fazer a melhor história possível, tornando as cinco temporadas seguintes de *The Americans* um sucesso absoluto de crítica e de público, ganhando por fim o Emmy de melhor roteiro dramático em 2018, justamente na última temporada.

SOAP OPERA VERSUS TELENOVELA

A *soap opera*, popular nos Estados Unidos, é uma série dramática caracterizada por um elenco permanente de atores, uma história contínua e situações interpessoais emaranhadas num estilo melodramático ou sentimental. A *soap* em geral tem como núcleo narrativo principal a família e é pensada para durar por anos, sem um fim. Normalmente, são transmitidas durante o dia e dirigidas a donas de casa. Inicialmente se concentraram na vida familiar da classe média, mas na década de 1970 seu conteúdo tinha se expandido para incluir uma variedade maior de personagens e um grau maior de explicitação sexual; desde então elas continuam as mesmas. *The Young & The Restless* está no ar desde 1973, na CBS, e *Days of Our Lives*, desde 1975, na NBC. De segunda a sexta.

A telenovela, como a brasileira, popular em toda a América Latina, inspirada nas novelas de rádio, é um melodrama de execução temporal limitado. São essencialmente novelas em formato de minissérie. A telenovela combina o melodrama antigo com o folhetim do século XIX e a radionovela latino-americana.

A telenovela é há décadas o gênero de televisão mais assistido no mundo, com pelo menos 2 bilhões de espectadores. O meio tem sido usado repetidamente para transmitir mensagens socioculturais, incorporando-as às histórias. Costuma vir dividida em núcleos: os ricos, pobres, o humor, o amor. Os personagens costumam ser maniqueístas. O vilão é apenas mau. A heroína sempre sofre. O amor é prioridade de todos os personagens principais. Uma novela clássica sempre termina com um ou vários casamentos. Ela ocupa o horário nobre da TV. Erra quem acredita que uma série é uma telenovela de curta duração, como teimosamente os executivos do Jardim Botânico, sede da Globo, que não aceitavam parcerias, prática comum num mercado colaborativo, acreditavam até alguns anos atrás. Acerta quem diz que o sucesso de séries se deve também ao sucesso das telenovelas, que elevou a ficção ao programa mais relevante da grade de uma emissora. Porém é importante que sua equipe profissional e técnica se livre dos vícios da linguagem simplista apoiada em clichês da telenovela.

2. Mapeando a série

NOVOS HÁBITOS DO ESPECTADOR

Quem nunca acordou um dia, viveu ou ouviu uma história, fez uma viagem e pensou "isso dá uma série"? Pois se alguém quer fazer uma série, tem que ter alguma coisa para dizer. Que série? Vai fazer rir ou chorar? Vai usar técnicas para criar uma comédia, outras diferentes para um drama. Quantos episódios? Treze, dez, oito, seis? Depende da plataforma. É difícil determinar se alguém vai se interessar. Mas por que escrevê-la? É urgente? O autor tem algo a dizer, precisa desabafar? Na TV aberta, o autor hipotético ainda precisa considerar se sua ideia vai se encaixar na grade de algum canal.

Até pouco tempo, nos Estados Unidos, o número mágico para se produzir uma série era cem episódios. Porque depois desse número a série entrava em *syndication*. Isso significa o quê? Reprise diária nos canais afiliados e pagos. Era quando a criação poderia dar lucro aos criadores e ao estúdio. Depois da quarta ou quinta temporadas, o estúdio podia vender a série para outro canal em *syndication* e começar a ganhar dinheiro.

O *syndication* tinha um *slot* (espaço) de uma hora nas redes afiliadas, que podia ser renovado a cada seis meses. Então, compravam-se séries de 22 ou 23 episódios, para se reprisar duas vezes e cobrir o ano inteiro. Tudo o que o programador queria era uma série com trinta ou 25 episódios. Quanto mais episódios, mais volume para preencher aquele grande espaço vazio. Com o tempo, o mágico número 100 foi baixando para sessenta episódios. *Two and a Half Men*, por exemplo, foi uma série produzida pela Warner e exibida na CBS. Estreou em 2003 e durou doze temporadas. Quatro anos depois da estreia, em 2007, com 96 episódios produzidos, passou a reprisar nas afiliadas da CBS, que incluía o canal CW. Em 2010, com oito temporadas produzidas, entrou no canal pago FX.

Em *Breaking Bad* aconteceu um fenômeno curioso. A série não deu muita audiência em suas duas primeiras temporadas no AMC. Foi só quando entrou em reprise na Netflix que realmente pegou. Isso foi em 2007-08, durante a recessão mundial. Talvez tenha funcionado por causa dela mesma. O espectador assiste a uma história para entender alguma coisa sobre a vida. As pessoas viam aquilo e se identificavam, porque era um momento em que os Estados Unidos estavam indo para o buraco, mas Walter White sabia ser um empreendedor com tudo de ruim que ele tinha. Não era essa a intenção do autor. A intenção era *breaking bad*: como o bem se transforma no mal. Mas os americanos reagiam àquilo, porque era como estavam vivendo naquele momento, no ano da maior recessão econômica desde 1929. O protagonista conseguia fazer um empreendimento na crise financeira. E a crise não estava no roteiro.

Na programação infantil, as séries têm formato maleável: 26 episódios de quinze minutos, que resultam em treze episódios de meia hora na grade. O que eles fazem é botar um episódio colado no outro e aumentar o tempo de audiência. Esse é o negócio do entretenimento. O objetivo do canal é deixar você mais tempo lá, sem tocar no controle remoto. Quanto mais tempo de conteúdo eles tiverem, mais leal àquele canal você é. O primeiro comercial vem depois de uns quinze minutos, porque se já passaram quinze minutos, você não muda de canal. Você já gastou aquele tempo entendendo a história e não vai para outra. Tudo que eles querem é aumentar o *time spent viewing* [tempo gasto vendo].

Porém, na TV paga, tudo mudou. As séries foram ficando mais curtas, e o assinante tinha mais liberdade para assistir ao que quisesse em horários alternativos. Na TV aberta, não. A TV aberta entra em rede — *broadcast network* —, e os *breaks* têm de ser sempre no mesmo espaço. O objetivo dos dois grupos é muito claro: a TV aberta quer que você assista na mesma hora, que deixe a TV ligada o tempo todo; a TV paga quer que você seja um assinante fiel, engajado nas redes sociais, que comente com amigos e familiares.

Há outra diferença relevante. Os canais por assinatura sabem quem são seus consumidores, do que eles gostam, onde moram, se assinam mais de uma plataforma, se têm crianças, quanto tempo passam diante da TV, quantos episódios aguentam. Os da TV aberta precisam de pesquisas onerosas e trabalhosas para encontrar esses dados tão preciosos. E hoje dados são, como você sabe, um dos bens mais valiosos — Amazon, Google e Facebook que o digam. Se a Netflix e a Rede Globo são concorrentes, com dezenas de milhões de espectadores no Brasil, a primeira tem uma grande vantagem, pois sabe quem e como são seus assinantes, enquanto a segunda não sabe isso com exatidão; é de graça, mas depende da boa vontade dos anunciantes e dos humores do mercado publicitário.

Até bem pouco tempo, séries de TV paga tinham treze episódios, porque era possível repetir a série até quatro vezes em um ano (são 52 semanas no ano, logo, se uma série de treze episódios for repetida uma vez, são 26 episódios, ou seja, meio ano). Na TV aberta, as séries tinham 22 ou 23 episódios e, para um programador, rendia uma temporada inteira, que no calendário da TV americana dura mais ou menos seis meses. Mas as temporadas foram ficando mais curtas com o excesso de produto: uma série de dez episódios tende a surtir o mesmo efeito que uma de treze.

American Crime Story, antologia de Ryan Murphy e Brad Falchuk que dramatiza crimes famosos, conseguiu em dez semanas manter o público fascinado com o assassinato praticado por O. J. Simpson e o cometido contra Gianni Versace. No entanto, ambas são histórias conhecidas e baseadas em livros. Hoje o objetivo de criadores e estúdios é possuir a propriedade intelectual (IP) de uma série. Quanto mais original o nosso autor hipotético for, mais dinheiro entra (Jerry Seinfeld e Larry David que o digam).

Na guerra por assinantes, a Netflix faz uma grande estreia por mês para não perder o mercado que conquistou prematuramente. Na HBO é a mesma coisa. *Game of Thrones* acabou em maio de 2019, e duas semanas depois lá estava *Big Little Lies*. Duas semanas mais tarde, *Succession*. Depois, *Watchmen*. Tudo para não perder o assinante. Se eu sou assinante, por que cancelaria minha assinatura se daqui a duas semanas vem outra série boa?

Será que a grade está com os dias contados? A HBO Max não segue o modelo de *binge watching* da Netflix, mas lança um episódio por semana. A Apple TV+ também, incluindo um resumo do episódio anterior na abertura.

O ex-Chief Content Officer da HBO Max, Kevin Reilly, acredita que episódios estreando semanalmente causam maior impacto cultural e alimentam seus IPs: "Os criadores tendem a valorizar séries que lançam episódios ao longo do tempo".

Um episódio ganha mais quando pode ser compreendido sozinho. Terence Winter, criador de *Boardwalk Empire* e que escreveu por cinco anos para *The Sopranos*, dizia sobre esta última que eles tentavam fazer cada episódio como se fosse um minifilme, com início, meio e fim: "Como num livro, você até pode gostar de um capítulo, mas vai gostar muito mais se ler o livro inteiro. Alguém pode ver um cara no episódio dois e até gostar do episódio, embora não entenda o que ele está fazendo ali. Se tiver paciência para chegar até o episódio nove, vai fazer mais sentido". Mas vai entender e gostar do episódio isolado.

O tempo vai dizer qual é a melhor forma de caçar assinantes. O ano de 2020 é um marco, o nascedouro de uma nova era, com mais opções de streaming e com o consumo exponencial de televisão.

STREAMING WARS

Dois mil e dezenove é considerado o ano da consolidação da Grande Convergência: a definitiva união da televisão com a internet. A TV paga (básica) movimentou nos Estados Unidos naquele ano 103 bilhões de dólares. A Netflix, segundo a empresa, alcançou 160 milhões de assinaturas; nos Estados Unidos, o valor era 8,99 dólares por mês. Isso significa que, mensalmente, a Netflix arrecadava mais de 1 bilhão de dólares. A Amazon Prime em 2019 tinha mais de 100 milhões de assinaturas, o que, com a assinatura também a 8,99 dólares, injetava no serviço de streaming da empresa 890 milhões de dólares (somados aos quase 233 bilhões de dólares que a própria loja on-line da Amazon faturou no ano). Os concorrentes dizem maldosamente que a Amazon entrega caixas e pacotes e usa seu streaming apenas para fidelizar clientes que não querem pagar frete. Não seria exatamente um fabricante de conteúdo. Será? Quem fala isso não viu *O homem do castelo alto*, *The Marvelous Mrs. Maisel*, *Goliath*, *Utopia* e *Homecoming*? E tem mais. Outros serviços de streaming, como o Hulu, associado à Fox e à Disney+, contam com a gigantesca corporação-mãe Disney, enquanto o serviço de streaming da Apple, a Apple TV+, tem a famosa marca de tecnologia por trás. Peacock pertence à Comcast, maior empresa de TV paga nos Estados Unidos. HBO agora é Max: é também Turner, Warner, CNN e AT&T. ViacomCBS resgatou uma marca centenária para batizar seu serviço de streaming, Paramount+, combinando os acervos da CBS All Access e Viacom. Tudo isso no seminal período entre 2019 e 2020, quando os streamers viraram as unidades de negócios mais importantes dentro de suas corporações.

A Apple TV+ entrou no ar com o pé na porta em novembro de 2019 e logo despertou uma enorme curiosidade ao anunciar que produzira a série mais cara da história, *The Morning Show*. O custo estava entre 15 milhões de dólares e 17 milhões de dólares por episódio. Não economizou para ter um elenco com Reese Witherspoon, Jennifer Aniston, Billy Crudup e Steve Carell. Só Witherspoon e Aniston (já milionária com os cachês astronômicos das dez temporadas de *Friends*) faturaram cada uma 2 milhões de dólares por episódio. Nada mal!

A Apple TV+ não é a única com séries extraordinariamente caras. O caso de *Game of Thrones*, da HBO, é notório: cada episódio da última temporada custou cerca de 16 milhões de dólares. Já o serviço de streaming da Disney gastou por volta de 15 milhões de dólares por episódio da série do spin-off de *Star Wars*, *The Mandalorian*, de Jon Favreau, roteirista veterano de filmes da Marvel (da franquia *Homem de Ferro*), renovada para sua segunda temporada em 2020.

A Netflix não fica para trás. A série sobre a realeza britânica *The Crown* começou gastando 6,5 milhões de dólares por episódio, mas o número saltou para 13 milhões de dólares com o passar das temporadas. Tudo para pagar o elenco impecável, o figurino exuberante, o cenário literalmente de realeza e a fileira de Rolls-Royce e carros de época que costumam cruzar a tela. E — surpresa! — não entrou para a lista dos dez programas mais assistidos do canal.

Sobre o valor astronômico pago pela Apple, primeira empresa americana a valer mais de 2 trilhões de dólares, disse Barry Jossen, diretor do A+ E Studios para a revista *Variety*: "No momento em que existem 31 600 programas de televisão, é realmente difícil entrar no mercado com tudo, e acho que começa daí [gastando]. Mais do que nunca, todos esses compradores e prestadores de serviço estão se programando para o seu público; eles tentam chamar a atenção e se diferenciar do que todo mundo tem". Mas veio a pandemia. As estreias escassearam. Séries de filiais entraram no catálogo principal. Na Netflix, a dinamarquesa *Borgen*, de 2010, se internacionalizou em 2020, e fez sucesso. As estrangeiras *Barbarian* e *Rebellion* ganharam destaque, seguindo o sucesso da alemã *Dark*. Conteúdos da brasileira Looke, do StarzPlay, MGM e Paramount+ apareceram na Prime Video em 2020.

O orçamento do projeto *Senhor dos anéis*, da Amazon, dos *showrunners* J. D. Payne e Patrick McKay, roteiristas de *Star Trek sem fronteiras*, foi a 1 bilhão de dólares em 2019. Só pelos direitos do livro foram pagos 250 milhões de dólares, e a isso se adicionam os custos de produção. Para a primeira temporada previu-se o orçamento de 50 milhões de dólares por cada um dos vinte episódios.

SÉRIES MAIS CARAS DA HISTÓRIA (POR EPISÓDIO)

1. **LORD OF THE RINGS** $50 milhões p/ ep. (AMAZON)

2. **GAME OF THRONES** (2011-2019): $15 milhões p/ ep. (HBO)

3. **THE MORNING SHOW** (2019-): $15 milhões p/ ep. (APPLE TV+)

4. **SEE** (2019-): $15 milhões p/ ep. (APPLE TV+)

5. **THE MANDALORIAN** (2019-): $15 milhões p/ ep. (DISNEY+)

6. **ER** (1994-2009): $13 milhões p/ ep. (WARNER)

7. **THE CROWN** (2016-): $13 milhões p/ ep. (NETFLIX)

8. **THE GET DOWN** (2016-2017): $11 milhões p/ ep. (HBO)

9. **EUPHORIA** (2019-): $11 milhões p/ ep. (HBO)

10. **AMERICAN GODS** (2017-): $10 milhões p/ ep. (FREMANTLE PARA STARZ)

11. **BIG LITTLE LIES** (2017-2019): $10 milhões p/ ep. (HBO)

12. **GOLIATH** (2016-2021): $10 milhões p/ ep. (AMAZON)

13. **WESTWORLD** (2016-): $10 milhões p/ ep. (HBO)

14. **FRIENDS** (1994-2004): $10 milhões p/ ep. (WARNER)

15. **THE WITCHER** (2019-): $10 milhões p/ ep. (ANONYMOUS E PARAMOUNT)

16. **MARCO POLO** (2014-2016): $9 milhões p/ ep. (NETFLIX)

17. **ROME** (2005-2007): $9 milhões p/ ep. (HBO)

18. **SENSE8** (2015-2018): $9 milhões p/ ep. (NETFLIX)

19. **THE BIG BANG THEORY** (2007-2019): $9 milhões p/ ep. (WARNER)

20. **THE ROMANOFFS** (2018-2018): $9 milhões p/ ep. (AMAZON)

21. **JACK RYAN** (2016-): $8 milhões p/ ep. (AMAZON)

22. **STAR TREK DISCOVERY** (2017-): $8 milhões p/ ep. (CBS)

23. **STRANGER THINGS** (2016-): $8 milhões p/ ep. (NETFLIX)

24. **THE ALIENIST** (2018-2018): $8 milhões p/ ep. (PARAMOUNT E ANONYMOUS CONTENT)

25. **PERDIDOS NO ESPAÇO** (2018-2021): $7 milhões p/ ep. (NETFLIX)

26. **AMERICAN CRIME STORY** (2016-): $6 milhões p/ ep. (20TH CENTURY FOX)

27. **BALLERS** (2015-2019): $6 milhões p/ ep. (HBO)

28. **THE OA** (2016-2019): $6 milhões p/ ep. (ANONYMOUS CONTENT PARA NETFLIX)

29. **13 REASONS WHY** (2017-2020): $5 milhões p/ ep. (NETFLIX)

30. **BOARDWALK EMPIRE** (2010-2014): $5 milhões p/ ep. (HBO)

31. **CLAWS** (2017-2020): $5 milhões p/ ep. (WARNER)

32. **DIVORCE** (2016-2019): $5 milhões p/ ep. (HBO)

33. **FOR THE PEOPLE** (2018-2019): $5 milhões p/ ep. (ABC)

34. **MARVELOUS MRS. MAISEL** (2017-): $5 milhões p/ ep. (AMAZON)

35. **SNEAKY PETE** (2015-2019): $5 milhões p/ ep. (AMAZON)

36. **THE AFFAIR** (2014-2019): $5 milhões p/ ep. (CBS PARA SHOWTIME)

37. **THE TICK** (2017-2019): $5 milhões p/ ep. (SONY E AMAZON)

38. **AMERICAN HORROR STORY** (2011-): $5 milhões p/ ep. (FOX 21)

39. **HOUSE OF CARDS** (2013-2018): $5 milhões p/ ep. (NETFLIX)

40. **VIKINGS** (2013-2020): $5 milhões p/ ep. (MGM)

41. **GOOD GIRLS** (2018-): $4 milhões p/ ep. (UNIVERSAL)

42. **LEGION** (2017-2019): $4 milhões p/ ep. (FX)

43. **LOST** (2004-2010): $4 milhões p/ ep. (ABC)

44. **MAD MEN** (2007-2015): $4 milhões p/ ep. (LIONSGATE, WARNER E AMC)

45. **ORANGE IS THE NEW BLACK** (2013-2019): $4 milhões p/ ep. (NETFLIX)

46. **OUTLANDER** (2014-): $4 milhões p/ ep. (SONY)

47. **HOMELAND** (2011-2020): $4 milhões p/ ep. (FOX 21)

48. **INSECURE** (2016-): $4 milhões p/ ep. (HBO)

49. **THE WALKING DEAD** (2010-): $3 milhões p/ ep. (AMC)

50. **EMPIRE** (2005-2020): $3 milhões p/ ep. (FOX)

51. **YOU** (2018-): $3 milhões p/ ep. (LIFETIME)

52. **BREAKING BAD** (2008-2013): $3 milhões p/ ep. (SONY)

53. **QUEEN SUGAR** (2016-): $3 milhões p/ ep. (WARNER)

54. **BOSCH** (2014-): $3 milhões p/ ep. (AMAZON)

55. **FAMILY GUY** (1999-): $2 milhões p/ ep. (20TH CENTURY FOX)

56. **PEAKY BLINDERS** (2013-): $2 milhões p/ ep. (BBC)

57. **SUPERNATURAL** (2005-2020): $2 milhões p/ ep. (WARNER)

58. **DOCTOR WHO** (2005-): $2 milhões p/ ep. (BBC)

FONTES: IMDB, HOLLYWOOD REPORTER, SCREENRANT, THE GUARDIAN, ONSTRIDE

O que os streamers querem para a televisão é a qualidade técnica do cinema. Sobre a explosão nos orçamentos, Carolyn Strauss, produtora-executiva da antiga campeã em custos, *Game of Thrones*, disse: "Como se houvesse um número ilimitado de talentos. Ser capaz de achar projetos com gente de talento é realmente o problema".

Com os grandes recursos financeiros de cinco das dez empresas mais ricas do mundo (Amazon, Apple, Google — com seu YouTube —, AT&T — dona da HBO Max — e Disney) e a atrativa liberdade criativa, faz sentido que o futuro das séries esteja cada vez mais nas mãos da TV paga de luxo e dos serviços de streaming.

Porém, tem gente chiando. O veterano Warren Littlefield, produtor-executivo de *The Handmaid's Tale* e *Fargo*, disse para a revista *Time*: "Penso que cada vez mais, à medida que os preços estão subindo, você ouve o termo 'insustentável'. Acho que serviços diferentes, plataformas diferentes, determinarão o que é aceitável para eles. O orçamento de 10 milhões de dólares por episódio costumava ser um número extraordinário. Embora seja muito dinheiro, não é mais considerado extraordinário".

Segundo Judy Berman, analista da *Time*: "O que as *Streaming Wars*, que levam os conglomerados mais poderosos do mundo a esmagar todo o resto, nos deixam de legado? Provavelmente, o retorno a uma monocultura de programação única [...] Em vez de assistirmos a milhares de coisas diferentes e compartilhar nossos favoritos no boca a boca, todos estaremos no Twitter polemizando sobre os mesmos super-heróis de sempre, assim como fazemos agora com filmes. Vai demorar um pouco até que a batalha entre Disney, Netflix, Amazon, AT&T, NBC, Universal e Apple derrame algum sangue corporativo. Enquanto isso, nós que apreciamos o conteúdo diversificado da televisão atual podíamos ajudar se impedíssemos que nossos programas favoritos se tornem danos colaterais dessa guerra".

A Disney tirou seus títulos do selo Marvel e Star Wars da Netflix ainda em 2019, para lançar o seu poderoso serviço de streaming, Disney+, que teve 10 milhões de downloads em seu primeiro dia no ar. Treze meses depois, já estava com 86,8 milhões de assinantes. Em 2020, a WarnerMedia lançou a HBO Max com um catálogo de mais de 10 mil horas de programação, que inclui *Game of Thrones* e *The Big Bang Theory*, e a NBCUniversal lançou *Peacock* de graça. Todos gastaram bilhões de dólares para recuperar os assinantes que foram atrás de suas próprias séries antigas acomodadas por anos no catálogo da Netflix, um negócio das arábias que deixou todo o mercado babando.

A guerra fora declarada. Na verdade, é apenas mais um passo na evolução da *tele*-visão. O jornalista americano Richard Rushfield, aliás, chama a guerra de apenas "A Grande Semifinal do Entretenimento": com todos os *major players* em campo, a única batalha que estão ganhando é contra o cinema.

Vale lembrar que a Netflix corre na frente também com uma produção de filmes enorme e relevante, como as caras produções *A balada de Buster Scruggs*, dos irmãos Coen, *The King*, *Dolemite is My Name*, que ressuscitou a carreira de Eddie Murphy, o incrível *O irlandês*, de Scorsese, e *Dois papas*, do nosso aclamado Fernando Meirelles, todos desdenhados pelo velho crítico de cinema que vota no Globo de Ouro e, pelo visto, ainda torce o nariz para a invasão do streaming no mercado de produção e exibição de longas-metragens. Na premiação de 2020, o filme que levou o Globo de Ouro foi *1917*, de Sam Mendes, exibido nos cinemas, sem a assinatura de nenhum streaming por trás da produção.

Mesmo que produza menos volume que a Netflix, a Disney+ tem orçamento de produção similar ($14-16 bilhões) e é dona de várias marcas estabelecidas e de sucesso — Disney, Pixar, Star Wars, NatGeo, Marvel, Simpsons, Lucasfilm —, apostando em spin-offs para garantir a lealdade de seus assinantes. Por isso fez *The Mandalorian*, *Rogue One* e *Obi-Wan Kenobi*, apenas três dos dez spin-offs de *Star Wars* planejados para seus primeiros quatro anos. E *WandaVision*, spin-off de *Avengers* com a personagem Wanda Maximoff (a Feiticeira Escarlate), apenas um de outros dez spin-offs Marvel planejados. Também vai transformar *Alien* em série do FX produzida por Ridley Scott. Sem contar as versões *live action* de *A Dama e o Vagabundo*, *Pinocchio* e *Peter Pan*. Com a pandemia, o streamer também passou a lançar o que seriam blockbusters no cinema diretamente em sua plataforma, como *Hamilton*, *Mulan* e *Artemis Fowl*.

O isolamento social provocado pelo coronavírus a partir de março de 2020 pegou o mundo de surpresa e só consolidou a liderança da Netflix entre os streamers. Antes da pandemia, a grande questão era saber quanto tempo a empresa conseguiria continuar se endividando sem maiores consequências diante de seus investidores (o gasto de conteúdo cresce anualmente e em 2020 foi de 17 bilhões de dólares). O confinamento obrigou a audiência do planeta a ficar em casa, grande parte do tempo na frente da televisão e consumindo todo o entretenimento possível. Como a Netflix produz muito e com boa frente, o que era apenas uma opção de streaming passou a ser parte do cenário permanente, como se fosse um serviço absolutamente necessário. Os outros, estes sim, passaram a ser opções de entretenimento adicionais.

A Globoplay, streamer do Grupo Globo lançado em 2015, viu seu número de assinantes mais que dobrar em 2020. Fez uma boa produção, oportuna e despretensiosa, *Diário de um confinado*, com Bruno Mazzeo isolado dentro do seu apartamento interagindo apenas com a mãe digitalmente e a vizinha no corredor, homenageou Domingos de Oliveira, com *Todas as mulheres do mundo*, série escrita por Jorge Furtado baseada na obra de Domingos, e colocou novelas marcantes, como *Vale tudo*, no catálogo. Mesmo aumentando sua produção original em 2019 e 2020, a plataforma ainda não tem uma estratégia clara: promove catch up de novelas que estão no ar bem como as antigas de seu vasto acervo, de certa forma canibalizando o conteúdo de um canal do próprio grupo, o Canal Viva, e reprises que fazem parte da grade da Globo, canal de TV aberta.

A escalada da guerra continua imprevisível. Empresas cavaram as trincheiras e fizeram alianças, cada uma colocando mais combustível em seus mísseis balísticos. A HBO Max, além do acervo da HBO, dos sucessos produzidos pela Warner, dos documentários da CNN e dos filmes da Turner, ainda adquiriu com exclusividade séries da gigante europeia BBC, roubando uma parceria do AMC Networks, que correu por fora, associada aos independentes Sundance Now, Britbox, WETV, IFC e Urban Movie Channel, seduzindo um público mais seleto.

Não se esqueça. O AMC Networks, há mais trinta anos no mercado, foi corajoso e renovou a televisão a partir dos anos 2000 com *Mad Men* e *Breaking Bad* e é responsável por séries deslumbrantes como *Better Call Saul, Killing Eve, Documentary Now!, Rectify, Sherman's Showcase, Halt and Catch Fire, Top of the Lake, The Terror, The Staircase, Orphan Black* e *Doctor Who*.

Tem ainda as independentes: Looke, parceira da brasileira SP Cine, focada em cinema brasileiro; Belas-Artes, do cineclubista André Sturm; Telecine, com mais de 2 mil filmes; Mubi, só de clássicos; Spamflix, só de filmes geek, nonsense, cult, de terror e de comédia de vários países do mundo, como Argentina e Brasil, que passaram por diversos festivais — essas plataformas menores enfrentam os gigantes que têm dinheiro sobrando para talentos, marketing, lançamentos e divulgação. Para onde vão os filmes independentes, o cinema cult, os clássicos, a Nouvelle Vague, o Cinema Novo brasileiro e neorrealismo italiano, que inspiraram tantos autores e diretores de séries do presente? Serão abocanhados pelas grandes corporações ou sobreviverão à parte? Alguns já foram. A Netflix exibe desde a trilogia de *O poderoso chefão* aos filmes clássicos *Psicose* e *Era uma vez no Oeste*. É como imaginar uma frota de táxi enfrentando a Uber, uma livraria de bairro diante da Amazon, uma agência de viagem ecológica contra a Decolar ou a Trivago, pousadinhas charmosas encarando o Airbnb... Os pequenos vão sobreviver?

Tem mais: as operadoras de celular. O cliente de uma operadora ganha grátis uma assinatura de streaming. A AT&T gastará, segundo a Reuters, 4 bilhões de dólares em conteúdo original nos primeiros três anos de HBO Max. Ou seja, ao que parece, veremos séries de qualidade até o fim dos tempos.

Players que entraram nas trincheiras no período mágico de 2019-2020:

APPLE TV+: Com *The Morning Show, For All Mankind*. Grátis por um ano na compra de algum produto Apple. O desafio: a segunda maior empresa de tecnologia do mundo não tinha acervo para funcionar como coluna dorsal de seu serviço de streaming, então passou a comprar filmes e séries antigas do acervo da MGM.

DISNEY+: Com seu catálogo extenso e bem-sucedido de filmes da Marvel, da Pixar, da franquia *Star Wars*, da National Geographic, da série *Os Simpsons* (trinta temporadas), as produções do FX e do Hulu e as originais que incluem *The Mandalorian*, um novo *High School Musical*, *WandaVision* e estreias de filmes diretamente na plataforma.

HBO MAX: Com séries originais como *Tokyo Vice* e *Love Life*, docusséries da CNN, *Ellen* e muito mais. A marca HBO pavimentou o caminho com séries de prestígio como *The Sopranos* e *Game of Thrones*. A Warner produziu *Friends*, *The Big Bang Theory* e *The West Wing*.

PEACOCK: Opera com anúncios, uma novidade, e oferece dois preços, um sem anúncios e outro grátis, com. Conta com o acervo da NBC Universal, que inclui *The Office*, *Parks and Recreation*, *Saturday Night Live*, *30 Rock*, *Friday Night Lights*, *Downton Abbey* e *Battlestar Galactica*. Estreou com alguns originais interessantes, como *Brave New World*, inspirado no épico de Aldous Huxley, *Admirável Mundo Novo*, *Intelligence*, com David Schwimmer, e o suspense *The Capture*.

PARAMOUNT+: O streamer da CBS, CBS AllAccess, que tem no acervo *Star Trek*, *The Twilight Zone* e a excelente *The Good Fight*, ganhou esse nome como resultado da fusão das empresas Viacom e CBS. Entre os primeiros originais, estão a minissérie *The Offer*, sobre a produção de *O poderoso chefão*, um *revival* da sitcom *The Game*, que durou nove anos na TV aberta americana, e o drama de espionagem *Lioness*.

MICROSSÉRIES

A internet, em especial o smartphone, trouxe um novo formato: esquetes de menos de dez minutos, que podem ser vistos facilmente num telefone portátil enquanto se está numa sala de espera, na condução etc.

O humor foi o primeiro a perceber o potencial do novo meio. *Saturday Night Live*, o veterano e já lendário programa semanal ao vivo da TV aberta, jogava esquetes na internet e emplacava. O mesmo aconteceu com quadros do *late-night* da TV americana, como Jimmy Fallon, Seth Meyers, James Corden e Stephen Colbert. Em Portugal, Gato Fedorento visou a internet em esquetes curtos e engraçados, nitidamente inspirados em Monty Python, da TV aberta e do cinema. No México, El Huevo Cartoon fez o mesmo.

No Brasil, o Porta dos Fundos sempre considerou a internet o seu ganha-pão, apesar de estar também espalhado pelas TVs aberta e paga. Frustrados com as limitações de conteúdo de quando trabalhavam para a TV, os amigos Antonio Tabet, Fabio Porchat, Gregório Duvivier, Ian SBF e João Vicente de Castro foram atraídos pela liberdade da internet e pela possibilidade de abordar sem censura todos os assuntos através da comédia.

Propostas como a do Porta dos Fundos, de histórias roteirizadas, a maioria delas por Porchat, eram uma raridade. Criado em 2012, o canal explodiu e, em um ano, se tornou o mais visto do YouTube, a plataforma que proporcionou sua popularização. A TV aberta foi atrás. A Globo botou na internet seus esquetes do *Zorra Total* e de *Isso a Globo não mostra*, produtos feitos originalmente apenas para a TV aberta.

Então — surpresa! —, a grande indústria e a ficção adotaram o formato de miniconteúdos. Como com o popularíssimo TikTok, ou Douyin na China, o aplicativo de mídia capaz de criar e compartilhar vídeos curtos. Em 2018, foi o aplicativo mais baixado dos Estados Unidos. E o que não é segredo: está no fechadíssimo e gigantesco mercado chinês, diferentemente de muitos outros aplicativos, redes sociais e streamings. São vídeos de segundos, que fazem sucesso entre a molecada. Dois anos depois do lançamento em 2016, já tinha 500 milhões de *views*. Consegue ser popular e ultrapassar trincheiras da guerra comercial entre China e Estados Unidos.

O YouTube, do Google, inspirou o Quibi, plataforma financiada por gigantes como Sony, Disney, Warner Bros., Universal, MGM, PepsiCo e Walmart, que investiram quase $2 bilhões de dólares para a plataforma de vídeos curtos. Quibi nasceu da observação de um usuário atento, Jeff Katzenberg, bilionário cofundador da DreamWorks (*Shrek, Kung Fu Panda*), que já presidiu a Disney-Pixar.

O tempo de espera de um voo, de uma corrida de Uber ou de uma viagem de metrô até agora era preenchido por um joguinho de celular ou uma espiada nas redes sociais, certo? Pois Quibi apostou que para esse tempo haveria microsséries de cinco a dez minutos de duração produzidas pelos mesmos estúdios que fazem os blockbusters do cinema e séries de sucesso da televisão.

A equipe do serviço era enxuta (duzentas pessoas) e comandada por dois veteranos, Katzenberg e a sócia Meg Whitman, que viram na internet a maior chance de visibilidade e de faturamento. O público potencial? *Millenials* e a geração Z. Era apenas para celulares e o nome vinha de *quick* [rápido] + *bite* [mordida].

Mesmo com todos os ingredientes para o sucesso — liderança, conteúdo, dinheiro e condições de mercado —, a estreia de Quibi em abril de 2020 foi morna, com apenas 1,3 milhão de assinantes ativos e 7 mil vídeos. Jeffrey Katzenberg culpou o coronavírus, mas na verdade a falha foi estratégica: todo marketing até a estreia foi voltado apenas para o nome, que transformava *quibi* em substantivo, sem focar em programa algum, e o conteúdo da plataforma era criado por nomes estabelecidos em Hollywood, nenhum que falasse diretamente com a audiência, acostumada a ver vídeos no YouTube.

Steven Spielberg estava escrevendo uma série de terror chamada *Spielberg's After Dark*, que o diretor gostaria que fosse assistida à noite. Liam Hemsworth e Christopher Waltz fizeram um drama tipo gato e rato que prendia a atenção, *Most Dangerous Game*. Havia ainda um remake de *Swimming With Sharks*, filme de 1994 com Kevin Spacey, um remake de *Punk'd*, de Ashton Kutcher, que fez sucesso na MTV entre 2003 e 2007, e um remake de *Reno 911*, também de 2003. Ironicamente, MrBeast, um youtuber com 37 milhões de seguidores e uma página vista diariamente por bilhões, tentou vender uma série para a plataforma e foi rejeitado.

Pouco mais de seis meses depois de seu lançamento, Quibi acabou fechando. Ainda se escrevem inúmeros obituários analisando esse curto experimento de criação e distribuição de séries. Mas a verdade é que foi um fiasco. E a principal lição, a de que você precisa conhecer sua audiência.

SEIS TIPOS DE SÉRIES

Seguindo definições estipuladas por Robert McKee em seu seminário sobre "Gênero", podemos dividir as séries em seis tipos:

Antologias: Episódios únicos e fechados ligados pelo tema através de diversas temporadas (como *The Twilight Zone*, *Black Mirror*, *American Crime Story* e *American Horror Story*).

Minisséries: Episódios abertos levemente serializados em uma única temporada. Em geral são baseados em fatos reais, romances ou biografias (como *Chernobyl*, *Sharp Objects*, *Band of Brothers*, *The Night Of*, *Manhunt: Unabomber* e *Unbelievable*).

Séries longas, possíveis de serem reprisadas: Episódios auto-contidos, que se resolvem dentro do próprio episódio, sem arcos de temporadas (como *Law and Order, CSI, Bones, Elementary, House, Grey's Anatomy* e *Two and a Half Men*).

Séries com arco de temporada: Episódios abertos ou fechados levemente serializados e ligados por um arco maior ao longo de diferentes temporadas (como *Sex and the City, Veep, The Americans, Catastrophe, Brooklyn Nine-Nine, Blacklist* e *Stumptown*).

Séries que se encerram a cada temporada: Episódios serializados cuja história termina a cada temporada (como *The Killing, Homeland, Stranger Things, Mindhunter, Homecoming* e *24 horas*).

Séries longas, que não se encerram a cada temporada: Episódios levemente serializados com várias temporadas (como *Mad Men, The Sopranos, Game of Thrones, Orange Is the New Black, O homem no castelo alto, The Deuce, Treme, This Is Us, The Boys, Breaking Bad* e *Boardwalk Empire*).

LINHA DE MONTAGEM

De acordo com dados compilados pela equipe de pesquisa da FX, o volume total de dramas, comédias e séries limitadas originais dos Estados Unidos foi de 532 em 2019, um aumento de 7% em relação ao ano anterior. É mais um recorde, superando os 495 originais de 2018, um ano em que Bravo, CMT, VH1, WGN America e! não produziram scripts e se retiraram do negócio de ficção. "Dado que as guerras por streaming estão chegando, esse total aumentará substancialmente", disse o CEO da FX, John Landgraf, no começo de 2020. É uma indústria em crescimento no mundo todo que analistas vivem questionando se é uma bolha que vai explodir. Ora, só vai parar de crescer quando estúdios

85

não tiverem mais dinheiro para produzir. E o público parar de consumir.

"O total de séries em 2019 foi 52% maior do que as 349 que existiam em 2013, ano em que o streaming começou a se tornar um hábito para muitos espectadores, com a estreia de *House of Cards*, na Netflix", diz John Koblin, do *New York Times*. Representa um salto de 153% em relação às 210 séries disponíveis em 2009. Só a Netflix gastou 15 bilhões de dólares em conteúdo em 2019. O termo "Peak TV" [auge da TV] foi cunhado por Landgraf em 2015, que achava que já tínhamos chegado ao topo. Os números crescentes e os novos hábitos provam o contrário.

O processo de criação na TV americana, que funciona como a linha de montagem automobilística bolada por Henry Ford que deu o tom da Segunda Revolução Industrial e barateou produtos para o consumidor, é uma forma de entender a gênese da indústria de séries.

Segue os ideais do "fordismo": muitos debruçados sobre o produto, cada qual com sua especialidade, numa esteira que não para dia e noite, não descansa, de onde a matéria sai pronta depois de passar por etapas e por controles de qualidade. Que, no caso, são subjetivos.

Vale lembrar que *The Sopranos* teve o piloto engavetado por meses, parado na mesa de algum executivo da HBO, e *Mad Men* foi recusada por anos pela mesma empresa, apesar de ter sido projetada por um roteirista da casa, alguém exatamente da bem--sucedida *The Sopranos*.

Hoje, a euforia na produção de séries de ficção é inegável. As melhores histórias e os melhores autores foram para a televisão. Se os americanos têm uma indústria madura e bilionária que funciona há muitos anos é porque tem muita coisa que eles fazem certo, que já foi testado antes. É o segundo maior produto de exportação dos Estados Unidos. E é um mercado em que o autor, o roteirista, é rei.

A indústria hollywoodiana funciona como um relógio, com elementos azeitados, numa engrenagem que engloba estúdio, canal, produtora, mercado internacional, programador, e que emprega escritores, diretores, produtores, fotógrafos, atores, produtores de elenco, figurinistas, iluminadores, maquiadores, técnicos, sonoplastas, claquete, marceneiros, cenógrafos, efeitos especiais, advogados, contadores, agentes, imprensa, pós-produção... Tudo precisa funcionar. Assim, com todas as peças, porque é uma indústria num mercado capitalista, não tem nada de romântico nisso: é para dar lucro a acionistas, gerar emprego e renda, sustentar famílias e o fisco.

As séries americanas, como as que a gente conhece hoje, começaram a ser produzidas com uma estrutura com vários *storylines* (enredos) por episódio, conduzidos por um arco maior. A origem está em *Chumbo grosso*, uma série policial que trazia vários *plot lines* (várias tramas) entremeados, somados a um arco maior que durava vários episódios. Ela mudou a TV americana em 1981, ganhando oito Emmys já na estreia, e abriu caminho para *Law & Order* e todas as séries de procedimento, ou seja, que se passam em delegacias, hospitais, escolas, tribunais ou redações de jornal.

Antes de *Chumbo grosso*, não havia o que hoje chamamos de arco da história. Eram apenas séries com formato de *soap opera* como *Dallas*, que ficou no ar de 1978 a 1991 e teve 357 episódios, uma das séries do horário nobre mais longas da história da TV americana e que, aliás, fez sucesso também no exterior, como no Brasil. Só perde em número de episódios para *Gunsmoke* (635 episódios), *Law & Order* (456 episódios) e *Bonanza* (430 episódios).

Quem gera o conteúdo para o canal é o estúdio, tanto para abertos quanto para fechados (TV paga). Nos Estados Unidos, o estúdio é o dono do programa, o investidor é quem produz a série, e funciona como um banco, investe no desenvolvimento e no piloto. O estúdio controla aquele produto e vende para os canais. Como é do interesse do capital que o controle fique com um mesmo dono, os canais passaram a ter seus próprios estúdios. É uma ciranda de proprietários. Shonda Rhimes, roteirista e produtora, criou uma série chamada *Scandal* exibida na ABC e produzida pela ABC Studios. A ABC Studios é dona de *Scandal* e exibe no canal de mesmo nome, porque vendeu aquele produto para seu canal. Shonda não pode fazer nada com *Scandal*, porque a série é propriedade intelectual da ABC Studios. Assim como a Sony é dona de *Breaking Bad*, a HBO, de *The Sopranos*, a Amazon Studios, de *The Marvelous Mrs. Maisel*, a 20th Century Fox, de *Modern Family* e de *This Is Us*, que é exibida na NBC e filmada no estúdio da Paramount, que, aliás, é dona de *Sex and the City*. Entendeu?

É uma indústria madura, em que todas as partes funcionam num calendário que se repete todos os anos.

PLANTAR, SEMEAR, COLHER

O ano televisivo americano em geral começa logo depois do Memorial Day, feriado nacional que acontece na última segunda--feira de maio — e homenageia os militares americanos mortos em combate. É o início não oficial do verão, entre 25 de maio e 1º de junho, quando começam as férias escolares. No verão, planta-se. Há um grande evento para anunciantes em meados de maio em Nova York chamado *Upfronts*, para disparar o processo, a ideia. Autores e roteiristas têm ideias, e elas precisam chegar aos estúdios e aos produtores no verão, a partir de 1º de junho. No entanto, como essa ideia pode se tornar um programa de sucesso?

Como numa árvore, o roteirista, o criador, está embaixo, na raiz. É o que providencia alimento para a árvore. Na copa, está o canal, que produz os frutos: os programas e as séries de TV. O tronco, que leva o programa para os canais, são os estúdios. Mas como o roteirista vai até o canal, para que a árvore possa dar frutos? Na maioria das vezes, eles têm PODs. Um POD (*production overall deals*) é um acordo de produção abrangente: um contrato de opção, que garante ao estúdio que eles vão ouvir a ideia do roteirista primeiro. É um *first look*. São produtores que ganharam a confiança dos estúdios, porque já fizeram alguma coisa com eles ou representaram algum roteirista de uma série que produziram; também podem ter sido indicados por agentes ou trabalharam por anos no departamento de desenvolvimento dos canais e supervisionaram sucesso atrás de sucesso. Então, o estúdio conhece essas pessoas, já teve alguma relação profissional com elas. Assim, esses produtores podem chegar a eles e dizer: "Eu tenho uma série para te apresentar".

No Brasil, *Coisa mais linda* foi sugestão da produtora Pródigo, mas foi completamente alterada pela própria Netflix, inclusive com a introdução de uma roteirista americana, Heather Roth. O streaming queria abordar algo sobre a Bossa Nova e o Brasil do final dos anos 1950, quando o gênero musical estourou. A empresa olhou o mercado brasileiro, pesquisou, descobriu uma paixão nacional — as novelas — e quis fazer uma série para esse mercado. Ela tinha, na época, mais de 10 milhões de assinantes brasileiros, e pensou em levar ao ar uma série que também abordasse outro tema em voga, o "empoderamento" feminino. Tinha pouca ambição em internacionalizar o produto. A prioridade era roubar assinantes das emissoras brasileiras e popularizar seu canal.

Mas de onde vêm essas ideias, e como esses produtores acham roteiristas para escrevê-las? Aí está a beleza do mercado americano: isso acontece através de agentes, já conhecidos e confiáveis, que selecionam cuidadosa e criteriosamente seus "clientes" (os autores), ou vão procurar nas universidades, em cursos, em programas de desenvolvimento dos próprios estúdios, como CBS, Warner, NBC, HBO e Disney, que têm excelentes cursos. No Brasil, tanto a Globo quanto a O2 sentiram falta de roteiristas preparados e montaram seus próprios cursos, apesar de existirem faculdades tradicionais com departamentos ligados ao audiovisual, como USP, UFRJ, Faap e Senac. Temos também algumas escolas: o Instituto de Cinema (InC), a Latin American Film Institute, a Roteiraria, a Academia Internacional de Cinema (AIC), a História e Roteiro, e os cursos do b_arco (Roteiro de Cinema, Narrativa Audiovisual, Roteiro de Animação, Documentário para TV e Cinema).

Uma linha de montagem "fordista" no Brasil, como a americana, vai acontecer quando produtores acharem novos roteiristas a partir de roteiros e com ideias originais. Temos um longo caminho pela frente, em que poucos são bem-sucedidos. Mas é possível. Assim que abriu escritório no Brasil em 2019, a Prime Video recebeu quantos projetos de séries? Centenas? Mil? Quantos recebem a Netflix, a HBO? E a Apple TV+? Quantas séries brasileiras foram produzidas pelo streaming da Amazon? Seis em 2020.

A Netflix investe pesado no mercado brasileiro: foi de vinte produtos produzidos em 2019 para trinta em 2020, com um investimento de 350 milhões de reais. E pensar que tudo começou em 2016 com uma única série, 3%. Já é o maior streaming brasileiro. A Globoplay fez dezesseis séries em 2020, todas produções originais. Isso mostra a potência da plataforma brasileira e a intenção de conquistar uma fatia considerável do mercado.

JORNADA DO ROTEIRISTA

Produtores procuram histórias, vão ler tudo que encontram, leem revistas que têm artigos, leem livros. Quando encontram uma história, compram os direitos para a desenvolverem junto com um roteirista que queira trabalhar nela. Como se contrata um roteirista? Lendo e conhecendo o que ele escreveu. No mercado americano, roteiristas geralmente escrevem seu *spec* script, um texto escrito por especulação, ou seja, ela ou ele escolhe uma série que está no ar e escreve um episódio como se fosse parte da equipe. Cria um *spec* script com o que tem mais afinidade, com o que mais gosta, e envia para um produtor ou para um agente.

Saber qual é o "gosto" dos canais é complicado. Nos Estados Unidos, as grandes agências que representam roteiristas, diretores e atores vivem praticamente de descobrir os segredos em conversas informais com os executivos de desenvolvimento. Um agente com bom relacionamento pessoal descobre, por exemplo, que o FX está querendo uma série com bruxas latinas, corre para ver quem em sua lista de clientes tem um piloto parecido. As ideias de uma série vêm, em sua maioria, dos roteiristas; mas elas viram série porque se encaixam no que o canal quer.

Voltando ao calendário tradicional. Ainda estamos no verão americano, entre junho e julho. O produtor está procurando ideias, ou então o roteirista está mostrando ideias a produtores através de seus agentes. E o produtor, que tem uma relação com o estúdio, o grande financiador de ideias, marca uma reunião para sugerir a ideia de determinado roteirista.

Entre fim de julho e meados de agosto, o produtor tem uma reunião com o estúdio, o *pitch meeting*. O produtor sabe como apresentar o *pitch* para determinado estúdio e leva o roteirista junto. O estúdio vai ouvir com interesse. Eles têm uma relação com o canal e sabem o que o canal quer. O *pitch* dura de dez minutos a uma hora, quando o roteirista vai falar de sua inspiração, contar seu *logline*, personagens principais e o que acontece em cada episódio. O estúdio vai ouvir pensando no canal e no mercado internacional. Vai pensar na TV paga. A Fox, por exemplo, gosta de ideias mais malucas. E seu estúdio, o 20th Century, abraça ideias novas, mas seus IPs precisam invariavelmente gerar receita — o foco nunca deixa de ser o business.

Então, depois da reunião do roteirista com o estúdio, dizem: "Obrigado, adoramos, agora deixa a gente fazer o nosso trabalho e em três dias nós ligamos". O roteirista fica arrasado, sofre, acha que foi um fiasco. Porém, três dias depois eles o chamam, dizendo que adoraram o roteiro e que querem discuti-lo, mas que têm umas alterações e ideias que poderiam ser incorporadas.

Eles quererem mostrar a ideia para a CBS, a Globo, o Canal Brasil, a Fox, mas para isso, se "estiver tudo bem por você", precisam fazer algumas adições. E aí começa a jornada do roteirista. Perguntam: "O que você acha se os protagonistas forem duas mulheres? Duas loiras fisiculturistas em vez de um anão? E se elas estiverem em Nova York, e não no Rio?". Como o roteirista responde? Diz que a ideia é muito pessoal, e que gostaria muito que fosse no Rio de Janeiro? Não. Vai dizer sim, claro. Daí eles sugerem outras pequenas modificações. Sempre para o bem da série, é claro, e o roteirista sempre concorda.

Ela ou ele reescreve. E reapresenta o roteiro com as modificações encomendadas: o roteiro agora é protagonizado por duas mulheres fisiculturistas em Nova York. Na metade de setembro, eles aprovam e compram um piloto, digamos, para a CBS.

Entre setembro e outubro, toda a programação do outono estreia. Então, outro canal acaba de lançar uma série com duas protagonistas loiras fisiculturistas em Nova York, que vira um sucesso. O estúdio liga para marcar uma reunião de emergência. E o roteirista fica arrasado de novo, nervoso, se achando um fracasso, mas o estúdio garante: "Calma, vai ficar tudo bem, o piloto está vendido".

Chega o dia da reunião e o canal vem cheio de ideias mais uma vez. E pergunta se dá para ser quatro mulheres bailarinas, sendo uma delas trans. O roteirista diz que sim, é claro, afinal de contas é a primeira vez que está ganhando 80 mil dólares para escrever um piloto. No Brasil, o valor fica entre 20 mil e 40 mil reais.

Chega outubro e eles pedem um *outline* (escaleta), que é uma lista com todas as cenas que definem a trama do piloto. Daí o roteirista manda o texto para o produtor, que faz observações (chamadas de notas), que o roteirista precisa incorporar, que manda para o estúdio, que faz notas que precisam ser incorporadas também, e depois vêm as notas do canal...

Daí, já é dezembro, e está ficando muito tarde. É preciso entregar um roteiro incorporando todas as notas do canal.

Lembre-se de que o roteirista está fazendo isso desde julho! Então, escreve o novo roteiro, que precisa passar de novo pelo mesmo processo: notas do produtor, que são incorporadas, notas do estúdio, que são incorporadas, notas do canal, que são incorporadas. Tudo tem de estar pronto até o Natal. Claro que o roteirista vai ficando irritado, se perguntando: "Eles não sabem o que querem?".

Não sabem.

Até agora, ele estava lidando com o *lower network people*, as pessoas de desenvolvimento. Depois, a história passa pelos departamentos de vendas, de marketing e pelo *Big Boss*, o CEO do canal. Na CBS, Leslie Moonves, presidente de 2003 a 2018, lia todos os scripts. Na Disney, Jeffrey Katzenberg foi o presidente entre 1984 e 1994. No FX, John Landgraf é o CEO desde 1988. Os caras do *development*, do *advertising* e do marketing estão se matando, precisam apresentar a melhor coisa do mundo para o rei do canal, que quer ler os dez melhores scripts da vida dele, justificar os altos salários de todos e prestar contas para os acionistas. Do começo do processo, com setenta ideias de séries, o volume foi filtrado para vinte roteiros de pilotos, e chegaram dez para ele ler e produzir.

Até aqui, o roteirista está trabalhando sozinho, sem uma equipe. E sem o mesmo entusiasmo de julho. Mas essa gente toda, que fica fazendo notas sobre o seu trabalho, não está lá à toa. São pessoas bem preparadas, inteligentes, as melhores do mercado, selecionadas por mérito, pelo currículo, pelas referências, e não por ser amigo do amigo. Quase tudo que aprovaram até agora deu audiência; se não deu, o cara dançou. Logo, nossa série hipotética também precisa dar. Nos Estados Unidos, o que não dá audiência sai do ar.

Chega janeiro. O roteirista já está na terceira versão de seu script. E aí espera a decisão do canal e do estúdio para filmar ou não um piloto do seu roteiro. Chega o fim de janeiro, e recebe o tão esperado telefonema: eles vão filmar o piloto. *Yesssss!!!* Acabou? Não. Agora começa o trabalho.

Fevereiro, março e abril são o que se chama de *pilot season*. Todas as séries novas vão filmar pilotos, é uma corrida para achar atores, diretores, diretores de arte. Os cem pilotos ou mais sendo produzidos — somando todos os estúdios — estão procurando os mesmos atores, que entram e saem do cast porque sempre tem alguém que não gosta, que não pode... Alguns torcem para ter o grande ator, que daria uma forcinha para impulsionar o projeto, topar. O concorrido ator Steve Buscemi só topou fazer *Boardwalk Empire* porque seu personagem, Nucky Thompson, apesar de violento e implacável, era... "engraçado".

Procuram-se atores na Inglaterra, na Austrália, no Canadá e na Irlanda, que vão ter de caprichar no sotaque americano. Acham-se preciosidades, como Gandolfini (*The Sopranos*), Jon Hamm (*Mad Men*), Dominic West (*The Wired*) e Emilia Clarke (*Game of Thrones*), desconhecidos e inexperientes que se encaixam no papel e engrandecem o personagem e, portanto, o produto, se tornando representantes da série. Todos os estúdios ficam ocupados por um período intenso garimpando areia na caça por diamantes brutos.

O autor, que teve a ideia e escreveu o roteiro, é responsável por tudo e quase sempre também pelo elenco. O cotidiano é uma montanha-russa emocional. Um dia é o melhor da sua vida, o roteirista está fascinado e confiante. No dia seguinte, tudo muda, o ator principal vai para outro piloto, e é o pior dia da vida do roteirista. Ele lê o roteiro outra vez e acha que é a coisa mais terrível já escrita, que nunca deveria ter saído da sua cidadezinha de interior no Meio-Oeste, que deveria ter virado dentista ou aberto uma mecânica de automóveis. E que sonho besta e pretensioso ser um novo David Chase (*Sopranos*), Mathew Weiner (*Mad Men*), David Simon (*The Wired*) ou Phoebe Waller-Bridge (*Fleabag*). Ele se preparou, estudou, testou, largou tudo. Parecia tão simples...

Não, é uma luta constante. Não basta ter qualificação e talento para escrever, nem ter bons contatos. Tem que ter algo a mais. Um segredo. Woody Allen chama isso como? Ah, de sorte.

Ele procura outro protagonista e, de novo, o produtor e o estúdio têm que aprovar o novo elenco. Tudo isso enquanto a mídia especializada — como *Variety*, *Deadline* ou *The Hollywood Reporter* — diz que é *pilot panic period* [período de pânico dos pilotos], e se o episódio não ficar pronto não vai entrar na grade, que só é aprovado o que é bom etc.

Em abril, o roteirista entrega o piloto pronto, e o estúdio passa para o canal, que decide se vai ou não colocar na grade de programação (eles pensam sobre o assunto por algumas semanas). Há espaço para apenas "x" pilotos, porque há apenas "x" vagas nas grades.

Até poucos anos atrás, dos 7 mil projetos recebidos, mais de cem pilotos eram feitos todo ano para os cinco canais abertos. O canal testava o piloto, que também precisava passar pelas equipes de marketing e de vendas para ver se era possível vender a história. Engavetavam-se projetos prontos, pilotos escritos e séries com até treze episódios escritos sem a menor piedade. É business. A brasileira Globo já engavetou séries inteiras. Por vezes, a rede passa o piloto na grade da TV aberta, e o resto, os outros episódios, vai para o seu streaming, a Globoplay, como aconteceu com *Ilha de Ferro* e a primeira exibição de *Shippados*, em 2019. A decisão fica com o presidente de entretenimento de cada canal. Se eles acham que aquela história vai funcionar, a série entra na grade.

Em maio, toda a programação que os canais escolheram é apresentada para o mercado publicitário em Nova York, nos *Upfronts*, e, na semana seguinte, acontece o mesmo para o mercado internacional em Los Angeles, nos *LA Screenings*.

E aí terminou o calendário do ano. Porém, o trabalho do roteirista continua.

Geralmente em maio, ao saber que seu piloto vai entrar na grade, o roteirista começa a desenvolver a série. O primeiro passo é montar sua sala de roteiro. Pensa em alguns nomes e lê roteiros de outros roteiristas para ver como escrevem. Essa equipe vai trabalhar com ele todos os dias por anos, conviver como um pelotão militar no front, uma espécie de irmandade da escrita, e irá inclusive afetar a vida pessoal de todos: filhos vão nascer, casais vão se separar, roteiristas ficarão doentes e, sobretudo, brigarão.

Portanto, quando o criador da série ou o responsável, o *showrunner*, monta sua equipe, ele quer uma equipe diversa, com experiências de vida e pontos de vista diferentes dos seus, para

ANO 1

	ABR	MAI	JUN	JUL	AGO	SET	OUT	NOV	DEZ	JAN	FEV	MAR	ABR
PITCH	▓												
PRODUTOR		▓											
ESTÚDIO			▓										
CANAL				▓									
PILOTO					▓								
GREENLIGHT										▓			
PILOT SEASON												▓	▓

ANO 2

	MAI	JUN	JUL	AGO	SET	OUT	NOV	DEZ	JAN	FEV	MAR	ABR	MAI
APROVAÇÃO	▓												
STAFF SALA		▓											
ROTEIROS			▓	▓									
ESTREIA						▓							
TERMINA T1				▓	▓	▓	▓	▓	▓				
FOLGA												▓	

poder fazer a melhor série possível, sem cometer gafes étnicas, religiosas ou de gênero, com gente que entende e conhece seus personagens, um pessoal capaz de sustentar a pressão e que colabora entre si. Quem é teimoso, impaciente ou difícil de trabalhar logo ganha fama no mercado e acaba excluído. E, se o novo *showrunner* for esperto, vai se aproximar de quem é melhor do que ele. Isso faz a qualidade do trabalho aumentar.

Hoje em dia, alguns estúdios estão mais rigorosos. Para poder ouvir todo mundo, com verdade e propriedade, é preciso colocar as pessoas certas nos lugares certos. Se tem alguma mulher no elenco, tem que ter mulheres na sala de roteiro. O mesmo se tiver negros, homossexuais, deficientes ou indígenas. Isso parece óbvio, mas não era colocado em prática — *Game of Thrones*, uma série protagonizada por mulheres, nas últimas temporadas não tinha mulheres na sala de roteiro, o que rendeu muitas críticas, já que os autores homens começaram a tiranizar as personagens femininas, como Daenerys e Cersei, ou deixá-las tolas e vitimizadas, como Sansa.

MITOLOGIA DA SÉRIE — OS PRIMEIROS PASSOS

Com a sala de roteiristas montada, a primeira coisa que o grupo faz é achar a história, ou, como se diz em inglês, *break story*: "quebrar a casca de um ovo para que o pintinho nasça". Isso significa que os roteiristas passam dias criando os grandes pontos de virada da história. Eles discutem personagens, temas e as tramas principais da temporada. Em especial, nesse processo, determina-se o grande pilar que irá deixar a série em pé nas temporadas que virão: a franquia.

Em séries como *Downton Abbey* e *Parenthood*, a franquia é um drama familiar. Em *Glee*, é um colégio onde há um grupo musical. Em *Newsroom*, a franquia é uma redação de jornalismo. *The Wire* inovou e cada temporada se passa num local diferente: numa delegacia, na prefeitura, na redação de um jornal e, por fim, numa escola. Tudo isso para entender a complexidade dos problemas sociais do submundo americano do tráfico e das drogas em Baltimore. Esse problema social não está restrito à repressão policial de uma delegacia, à política de uma prefeitura, a um jornal ou ao consumo numa escola.

Assim, as palavrinhas-chave que vão definir a série e devem ser discutidas na sala dos roteiristas nessas primeiras semanas de trabalho são: tema, gênero, atos, personagens principais e arco de personagem. Esses elementos vão compor o que se chama de "mitologia da série".

A mitologia da série traz os elementos da trama, o que não se resolve num único episódio. Ela é a meta-história, o arco maior que conduz a narrativa, o universo que paira por toda a série sem que necessariamente se chegue a uma solução. O gênero determina as emoções invocadas. Essas emoções ditam o tom da série. A mitologia vai além de um episódio ou da temporada. Outro ponto importante é o relacionamento do personagem principal da história e suas triangulações. Esse casal pode até mudar no decorrer da série — como aconteceu em *Lost*, *Mad Men*, *Vikings* ou *Grey's Anatomy* —, mas costuma ser bem claro e recorrente, com traições, interrupções, o vai e volta dos indecisos, como em *Succession* ou *Californication*. Alguns exemplos são: Sookie e Bill (*True Blood*), Carrie e Mr. Big (*Sex and the City*), Dexter e o Passageiro (*Dexter*), Ross e Rachel (*Friends*), Alicia e Peter (*The Good Wife*), e Chuck e Wendy (*Billions*).

Uma vez que os pilares da série foram determinados, a sala de roteiro começa a tratar da temporada em si. O arco maior está presente, mas cada episódio precisa trazer algo novo para a história, mesmo que isso aconteça de forma muito lenta. Afinal, toda dramaturgia exige mudança. Segundo Robert McKee, essa mudança deve ser significativa na vida do personagem a ponto de ele passar de uma experiência de valor positivo para uma de valor negativo, ou vice-versa — em filmes, isso é mais rápido do que na televisão.

Essas mudanças conduzem o personagem pela temporada, e o registro de cada uma delas constitui um dos quadros brancos da sala (o quadro estrutural da temporada). É a famosa tabela da série. No final da narrativa, o valor da experiência principal tem de ser diferente de como começou, afinal as pessoas contam e escutam histórias para entender a vida. Coisas estáticas não nos interessam.

O arco e os pontos de virada, na verdade, representam a mesma coisa. Só que o primeiro se refere à série como um todo, e o segundo, à cena e episódios. Em geral, ao pensar no arco da série, começamos pelo fim: aonde queremos chegar com essa história? O ponto-final representa a vida em equilíbrio ou desequilíbrio total. Assim, algo acontece lá no começo que balança o equilíbrio ou o desequilíbrio da vida do protagonista, e daí a história caminha até o ponto-final, passando por pontos fundamentais de transformação.

Com o arco da temporada pronto, a sala de roteiro parte para a definição de como serão cada episódio e seus respectivos arcos. Mas, primeiro, é preciso decidir quantos atos os episódios vão ter. Os atos representam o *clímax* de um número de cenas, as sequências, e essa estruturação deve ser mantida pelo resto da série, o que torna mais fácil para escrever os episódios. O mais comum é que séries de meia hora tenham três atos, e séries de uma hora tenham de quatro a cinco atos.

Dentro desses atos, vão ser distribuídos os *beats* da "trama A" (maior), da "trama B" (média) e da "trama C" (menor) — e assim por diante. Também serão determinados os valores adicionais de cada temporada ou episódio (porque o da série já está definido há muito tempo).

Em histórias de amor, os valores principais são amor (positivo) e ódio (negativo). Em dramas familiares, são o conflito de estar junto (positivo) ou separado (negativo). Em histórias de ação, são vida (positivo) e morte (negativo). Em procedimentos policiais, são justiça (positivo) ou injustiça (negativo), liberdade (positivo) ou prisão (negativo), e assim por diante.

Uma vez que os valores foram estabelecidos, é preciso personificar a história. É aí que entra o personagem principal, um dos itens discutidos por mais tempo na sala de roteiristas, porque ele é o "segredo" da série.

É por causa dos personagens que as pessoas assistem a séries: eles passam a fazer parte das nossas vidas, entram nas nossas casas, tornam-se nossos companheiros e nos fazem querer passar tempo com eles. O que fazia as pessoas assistirem a *Avenida Brasil* era a vilã Carminha e a vontade de ver o que ela ia aprontar de novo. E o Tufão. E o Leleco. E a Suellen.

Portanto, os personagens principais têm de ser muito interessantes, cheios de sutilezas, mistérios e contradições. O protagonista deve ter dimensões, ou camadas. Quanto mais dimensões, mais interessante fica, mais fôlego ele tem de ocupar episódios. As camadas são as contradições do personagem. Dexter é um pai maravilhoso, mas é um serial killer. Tony Soprano é um mafioso com crises de pânico. Don Draper é um "galinha" romântico.

Assim, se determina todo o *backstory* (história de fundo) do personagem principal, o que ele quer, aonde quer chegar, quem é sua família, lugares onde morou e estudou, seu trabalho, sua visão de mundo, sua comida e sua música favoritas, o estilo das roupas que usa etc. A cada passo essas contradições vão sendo criadas. O ideal é que tudo seja inspirado em gente que existe de verdade, indicando as características descritivas do personagem, a maneira como se comporta, pensando na ação, em vez do diálogo. Importante: o *backstory* não precisa entrar na história, estamos apenas construindo o personagem.

Não importa se ele toma vinho ou cerveja, mas *como* toma. Por exemplo, criamos um personagem chamado Alexandre, um advogado de trinta anos. Uma noite, Alexandre chega em casa com uma cara cansada e apática. Ele tira o paletó, os sapatos, afrouxa a gravata e toma um drinque. É importante se ele toma cerveja ou vinho? Sim, mas o que vai construir esse personagem é a maneira como ele bebe.

Uma coisa é você ver Alexandre tirar os sapatos, ir até a cozinha, pegar a primeira garrafa que encontrar e tomar um vinho no gargalo. Outra é vê-lo tirar os sapatos, ir até a cozinha, pegar uma taça de vinho, limpá-la meticulosamente, ir até o cooler, mas não encontrar mais nenhuma garrafa fechada. Então, ele vai até a geladeira e não encontra nem leite — até que se lembra de uma garrafinha de vinho de um hotel a que tinha ido no mês anterior. Alexandre abre a garrafa, se serve, inspeciona a cor contra a luz, o aroma. Ele toma um gole, saboreia.

Em ambas as cenas Alexandre chega em casa e toma um vinho. Mas cada uma conta algo diferente sobre o personagem — e isso sem nenhum diálogo. Essas duas versões de Alexandre trazem desejos inconscientes e conscientes distintos, trazem um histórico — por que ele bebe daquele jeito? —, refletem sua personalidade, atraem e repelem. É a verdade sobre Alexandre.

Os personagens, portanto, precisam ter diversas camadas, que vão sendo reveladas aos poucos durante a série. Para gerar histórias, eles também possuem conflitos em diversos níveis: internos, nos seus relacionamentos mais próximos e nos seus relacionamentos mais distantes, seja essa distância física, social, temporal ou emocional.

Depois, é necessário pensar no universo da história, onde ela acontece. Num escritório, numa delegacia, num restaurante? O universo deve ser pequeno, para que a interação dos personagens aconteça de maneira natural. Eles moram no mesmo prédio, trabalham lado a lado?

Com o personagem principal pronto, é hora de pensar nos secundários. Para criar a dramaturgia (ou seja, o conflito), o mais fácil é criar personagens que sejam opostos entre si. Assim, tem-se um embate natural, que vai povoando o universo. Se Rachel é rica, Phoebe é pobre. Se Rachel é avoada, Monica é detalhista. Se Rachel é extrovertida, Ross é introvertido. Se Rachel é orgulhosa, Chandler é humilde. Se Rachel é esforçada, Joey é folgado.

Com os personagens prontos e o universo povoado, segue-se para o disparador da história, o famoso "incidente incitante" de Robert McKee. É a resposta às perguntas "por que aqui?" e "por que agora?". O incidente incitante dá origem à história e precisa acontecer no piloto ou no primeiro episódio. Há dois tipos de primeiro episódio: o que dramatiza esse incidente, dando início ao enredo principal (como em *30 Rock* ou em *Six Feet Under*), e o que é um episódio típico, que vai se repetir sempre. De qualquer maneira, nos dois tipos de piloto sempre há ao menos um personagem que está conhecendo tudo pela primeira vez, junto com o espectador. É o que no jargão da indústria se chama de "*eyes in*", uma janela para o universo da série (como em *Friends* e em *True Blood*).

No caso de *Mad Men*, Matt Weiner fez seu "*eyes in*" com a personagem Peggy, que chega para o seu primeiro dia de trabalho. Em *Sex and the City*, Carrie escreve uma coluna que reflete o tema de cada episódio. É muito comum o primeiro episódio de uma série ser o primeiro dia no novo trabalho, no novo apartamento, no novo bairro, na nova cidade etc. O personagem está vendo tudo pela primeira vez, como o público.

Em resumo, o processo de criação numa sala de roteiro consiste em:

1. "*Break story*": Define-se a história a partir dos grandes pontos de virada do tema central. Tudo é sugerido na sala, porém ainda sem escrever.

2. São criados os personagens e seus arcos. Os personagens têm de ter credibilidade, falar a verdade e fazer com que o espectador se importe com eles.

3. Assegura-se que todos os personagens tenham uma voz própria e sejam diferentes entre si.

4. Define-se o universo em que esses personagens vivem.

5. Definem-se os episódios e sua estrutura em atos.

6. São sugeridos e decididos as sinopses, os temas de cada episódio e os grandes pontos de virada da história.

7. Criam-se as escaletas de cada episódio, usando os quadros brancos.

8. O *showrunner* escolhe quem vai, por fim, escrever a escaleta no papel e o roteiro de cada episódio.

Se um roteirista é integrante de uma sala de roteiro, ele não precisa ser o melhor, nem o mais engraçado ou o mais talentoso. Numa sala de roteiro, o trabalho dele está a serviço do *showrunner*.

SHOWRUNNER

O *showrunner* é o gestor artístico da série. É quem provavelmente a criou, é o administrador da sala de roteiro e quem, em última instância, manda na série.

A responsabilidade de tudo que acontece na série é dele. Se não for o criador da série, o *showrunner* está trabalhando diretamente com o criador. E o conhecimento dele é do todo: precisa ser produtor também, conhecer o ritmo, a linguagem, o orçamento, a política, lidar com atores, com o canal, ficar na ilha de edição, escolher a trilha sonora, as locações, o figurino e administrar a equipe. É quem põe os trilhos na frente do trem. Basicamente, é o *showrunner* quem toma as decisões artísticas e lida com o estúdio ou com a produtora e com o canal. Esse também é um trabalho político e fundamental. Claro, há diferentes estilos: Vince Gilligan é amigável, David Chase e Matthew Weiner são conhecidos como déspotas controladores, assim como Kurt Sutter (*The Shield*). A sala de roteiro de *Veep*, série sobre a cúpula da política americana, teve seis roteiristas, todos ingleses. Seu *showrunner*, Ianucci, era piadista e amigável. Alguns são gênios irascíveis. Outros são generosos. E todos, claro, são excêntricos e obcecados.

J.J. Abrams, de *Westworld*, é criador, mas não *showrunner*, porque ele faz muita coisa para muita gente, como *Castlerock* e os filmes da franquia *Star Wars*, e curiosamente não escreve.

A maneira de Chuck Lorre trabalhar (*The Big Bang Theory*, *Two and a Half Man*, *The Kominsky Method*) é muito interessante. A sala de roteiro dele em geral se reúne ao redor de uma mesa grande, e o próprio Chuck projeta a tela de seu computador ao mesmo tempo que escreve, enquanto as muitas cabeças da sala jogam ideias. E assim elas aparecem.

Vince Gilligan (*Breaking Bad*) é considerado um dos *showrunners* mais fáceis de trabalhar de toda a indústria. Além da precisão microscópica para administrar um empreendimento tão grande quanto a produção de uma série de TV, ele consegue manter uma calma invejável ao levar sua visão criativa. E é um grande defensor do processo colaborativo. "A pior coisa que os franceses deram ao mundo foi a teoria do *auteur*. Ninguém faz um filme sozinho, e certamente não se faz uma série de TV [sozinho]. Nós investimos em pessoas que investem no trabalho. A gente faz com que as pessoas estejam confortáveis para trabalhar para você", diz ele, que trata todos os roteiristas como iguais, não por conta de uma

105

filosofia fraterna, mas por puro faro criativo: nada é melhor do que um roteirista investido na história de todos.

Muitas vezes, o *showrunner* já vem com ideias prontas para a sala de roteiro que, muitas vezes, como no caso de *The Marvelous Mrs. Maisel*, "é mais um armário do que uma sala", como disse a cocriadora Amy Sherman-Palladino para a *Hollywood Reporter*. Ela e o marido, Daniel Palladino, têm uma equipe minúscula (de dois roteiristas e dois comediantes de stand-up, já que a história se passa nesse universo). "Dan e eu somos doentes mentais", diz ela, "a série ocupa nossas vidas inteiras e a trazemos para a sala para preencher as lacunas."

Amy e Daniel Palladino administram a sala em dupla, algo nada incomum em Hollywood. O casal Robert e Michelle King cogeriu *The Good Wife* e *Evil*. O casal Robin Green e Mitchell Burgess escreve em dupla — aliás, 21 episódios de *The Sopranos* são deles, mas a dupla foi demitida por David Chase na sexta temporada aparentemente por discordarem da frequência com que as cenas de sonhos e fantasia de Tony Soprano apareciam. Andre e Maria Jacquemetton, Dan Weiss e David Benioff, Todd e Glenn Kessler, Peter e Bobby Fanelly, os irmãos Joel e Ethan Cohen são outros exemplos de gente que trabalha em duplas.

Matt e Ross Duffer, de *Stranger Things*, contam que em sua sala de roteiro costumavam citar a brilhante *Freaks and Geeks*, série de 1999 de Paul Feig e Judd Apatow, sobre amigos do colegial ambiciosos e esquisitos. Os doze roteiristas de *The Big Bang Theory* trabalhavam juntos durante dez meses do ano. Um dos episódios — o 814, o 14º da oitava temporada —, chamado *The Troll Manifestation* [A manifestação troll], surgiu do encontro de um roteirista, Eric Kaplan, com uma mulher que tinha escrito mais de 3 mil histórias sobre Sheldon Cooper, o personagem interpretado por Jim Parsons. O episódio fala justamente sobre uma fã escrita por Amy, a personagem interpretada por Mayim Bialik. Outro roteirista da série, Steven Molaro, conta: "Foi quando começamos a procurar a ficção escrita por fãs de *The Big Bang Theory*. Você vai achar que era para fazer piada, mas encontramos histórias muito bem escritas".

Algumas séries, como *Orange Is the New Black*, *The Good Wife* e *Scandal*, foram pioneiras ao oferecer ao público uma visão desse trabalho dos roteiristas através de contas exclusivas no Twitter, que mostravam a origem de cada frase e de cada cena. E o quarto episódio da quinta temporada de *Breaking Bad* ganhou até um vídeo comentado de oito minutos que mostra a sua criação em *time-lapse*, disponível no DVD da série. Um clássico.

O episódio em questão, intitulado *Fifty-One*, levou três semanas para ser pensado, um pouco mais do que o normal. Começou muito bem, com as cenas do teaser e o primeiro ato sendo elaborados com facilidade (era o aniversário de 51 anos de Walter White), mas o grupo emperrou no segundo ato. O motivo? O que se passava na cabeça de Walter White naquele momento, por que ele fazia o que fazia, o que as pessoas que não estavam na cena estavam fazendo e que consequências isso teria em Walter. Essa discussão levou uma semana inteira.

Essa mesma equipe — Vince Gilligan, George Mastras, Peter Gould, Tom Schnauz, Gennifer Hutchinson, Moira Walley-Beckett e Sam Catlin — passava dias lapidando cena por cena até a perfeição. Nem as ideias do próprio criador da série estavam imunes a debates.

Vince Gilligan conta que na criação do episódio 212 (o décimo segundo episódio da segunda temporada), chamado *Phoenix*, quando a namorada de Jesse, Jane, morre sufocada com o próprio vômito, sua ideia era fazer com que Walt chegasse na casa de Jesse e desse mais heroína a Jane, matando logo a garota. Mas assim que ele deu a ideia, a sala inteira virou para ele com um olhar de horror. Bryan Cranston, que interpretou Walter White, disse que a cena foi muito difícil de fazer, porque ele imaginou a própria filha, o que o fez chorar por dez minutos consecutivos depois de filmá-la. Acabou ganhando um Emmy em 2009 pelo episódio.

Brett Martin contou, no livro *Homens difíceis*, como algumas salas de roteiro foram montadas. David Chase, de *The Sopranos*, era o único filho de uma família de descendentes italianos de New Jersey e começou a montar a sala de roteiro com colegas antigos. Primeiro, levou Robin Green, com quem trabalhou em *Almost Grown* e em outros projetos. Chase e Green se tornaram amigos ao compartilhar histórias de suas mães problemáticas. Green ainda trazia um aspecto importante para a sala de roteiristas. Quando adolescente, ela havia namorado o filho do chefe do crime Raymond Patriarca. Essa conexão com o mundo da máfia, ainda que tênue, interessava a Chase.

Com Robin Green veio o marido e parceiro de escrita, Mitchell Burgess. O casal era amigo de Chase e de sua esposa Denise. Eles acompanharam o desenvolvimento do piloto desde o começo, ainda que não como roteiristas. Finalmente, quando o piloto foi aceito, Chase os chamou para participar da série.

Também faziam parte o fumante compulsivo e agorafóbico James Manos Jr., assíduo na HBO, Mark Saraceni e Jason Cahill, dois escritores jovens, e Frank Renzulli, um mafioso de verdade, filho de imigrantes italianos que cresceu em clubes de striptease e sabia como a máfia de fato funcionava. Foi Renzulli quem teve a ideia de Tony matar com as próprias mãos um delator. Maluco, num dia de rotina na sala, passou por trás de um roteirista que estava sentado, começou a apertar seu pescoço e disse: "Imagine a sensação de matar alguém com as mãos...".

Chase era um tirano. Baseado nele, um de seus roteiristas, Todd Kessler, fez anos depois a série *Damages*, sobre uma advogada brilhante que tratava os empregados de forma abusiva e cruel. Na série, Glenn Close era a poderosa advogada Patty Hewes, disposta a assumir táticas diabólicas para ganhar um caso, enquanto Rose Byrne era sua *protegée* Ellen Parsons, uma brilhante advogada recém-saída da faculdade e escolhida pessoalmente por Hewes para trabalhar com ela.

Matthew Weiner, *showrunner* de *Mad Men*, também montou sua sala de roteiro com velhos conhecidos. O casal e dupla de roteiristas Andre e Maria Jacquemetton conhecia Weiner desde a faculdade de cinema. Já Tom Palmer, outro componente, tinha trabalhado com ele na série *The Naked Truth*. Weiner também chamou Lisa Albert, uma veterana de sitcoms, além de dois roteiristas iniciantes, Chris Provenzano e Bridget Bedard.

Já Alan Ball, o *showrunner* de *Six Feet Under*, povoou a sala seguindo alguns critérios particulares: com roteiristas de fora do mundo da televisão, em especial com escritores de peças de teatro. Diferentemente do que era comum na época, Ball não selecionava roteiristas por *spec scripts*. Ele não queria pessoas que podiam imitar outras vozes, mas sim que tivessem uma sensibilidade inerente a elas. Hoje, a maioria dos *showrunners* de Hollywood segue a mesma filosofia. A sala de roteiro de *Six Feet Under* contou com Bruce Eric Kaplan, cartunista da *New Yorker*, os dramaturgos Rick Cleveland, Nancy Oliver e Craig Wright (que também tinha sido seminarista), e a escritora Jill Soloway, que foi contratada para a segunda temporada da série pouco antes de a primeira ser lançada — esta última criou forças para terminar um relacionamento abusivo após assistir aos quatro primeiros episódios.

Por causa da sua experiência em salas de roteiro, Ball decidiu que seria um *showrunner* diferente. Ao invés de adotar um perfil autoritário, como um general a frente de suas tropas, Ball preferia apoiar seus roteiristas, criando um ambiente no qual todos contribuem e a série é elevada acima de qualquer indivíduo. Para o dramaturgo Craig Wright, a sala de roteiro de *Six Feet Under* desafiava a fama de alta competitividade e abusos da indústria de Hollywood. Segundo ele, o ambiente que encontrou era não apenas amigável, mas muito divertido.

O *showrunner* e ex-jornalista criminal responsável por *The Wire*, David Simon, tinha uma preferência particular para montar sua sala de roteiro. Uma grande parte dos roteiristas era formada, originalmente, por romancistas, para quem o enredo e os personagens eram parte de suas naturezas. Como George Pelecanos, escritor de mais de vinte romances policiais, todos situados em Washington, que trabalhou com Simon depois em *Treme* e *The Deuce*, ambas da HBO. Simon leu um romance de Pelecanos por insistência de uma colega jornalista, que viu uma grande similaridade entre as sensibilidades dos dois escritores. Quando ambos foram ao enterro de um amigo em comum, Simon pediu carona para Pelecanos e contou a história de *The Wire* no caminho. Interessado pela ideia de Simon de escrever um "romance para a televisão", Pelecanos aceitou escrever um dos episódios da primeira temporada. Simon explicou o básico sobre roteiros e as diferenças entre essa mídia e um romance. Pelecanos, então, escreveu o roteiro. Quando recebeu as revisões de Simon, se assustou. Apenas 30% do que tinha escrito tinha sido mantido pelo *showrunner*. Quando ligou para Simon pedindo satisfações, Simon disse que 30% era um bom número, e que Pelecanos "estava indo muito bem" como roteirista. Depois disso, Pelecanos aprendeu rápido as diferenças entre escrever uma série e um romance.

Para a revista Q&A, David Benioff e D. B. Weiss explicaram que em *Game of Thrones*, em contraste com o tamanho da série, a sala de roteiro era bem enxuta: os roteiristas eram a dupla e seus assistentes, Bryan Cogman e David Hill. Outros roteiristas creditados, como Vanessa Taylor, fizeram parte da produção da série nas primeiras temporadas e escreveram apenas algumas cenas. Mas não existia uma sala de roteiro formal. David Benioff e D. B. Weiss admitem que a falta de uma sala de roteiro foi um erro e a série quase foi cancelada depois do piloto. Mesmo o processo de escrita dos episódios ocorria de maneira separada, com cada um dos *showrunners* escrevendo parte do roteiro em sua própria sala. O autor dos livros em que a série é baseada, George R. R. Martin, chegou a escrever um episódio para cada uma das primeiras quatro temporadas, mas não fazia parte da equipe criativa por trás da série.

Com a explosão da popularidade da produção de séries, dos serviços de streaming globais e da atenção no processo criativo americano, a figura do *showrunner* se expandiu para fora dos Estados Unidos. Com milhões de clientes em todos os continentes, cada vez mais as empresas americanas bancam produções locais.

A Netflix foi pioneira. Contando com cerca de 100 milhões de assinantes fora dos Estados Unidos em 2020, é natural que a empresa apostasse no talento de cada região em que se estabelece. Na Europa, por exemplo, a Netflix causou um aumento de 50% nas produções locais só entre 2018 e 2019. No Brasil, a Rede Globo passou a considerar a Netflix sua maior concorrente, perdendo num elemento fundamental do novo negócio: a rede nacional não tem os dados cadastrais dos mais de 100 milhões que a assistem há décadas.

Essa busca por talento e ideias originais em cada país — o que, no mínimo, garante audiência local — impulsionou a carreira dos criadores de conteúdo. Os serviços de streaming, todos com seus QGs nos Estados Unidos, estão acostumados a trabalhar com um *showrunner*, o chefe criativo e detentor da visão da série como um todo. Ainda que exista uma grande diferença salarial entre os *showrunners* americanos e os dos outros países, a existência de serviços de streaming como Netflix, HBO e Amazon Prime revelou para o mundo talentos que ficariam escondidos em emissoras regionais.

Os frutos foram colhidos. A sensação britânica Phoebe Waller-Bridge levou diversos prêmios no Emmy 2019 com suas séries *Fleabag* e *Killing Eve*, o que lhe garantiu um acordo de 60 milhões de dólares com a Amazon Prime. Os criadores das séries *La Casa de Papel* (Álex Pina, da Espanha) e *Dark* (Jantje Friese e Baran bo Odar, da Alemanha) assinaram contratos de longa data com a Netflix. A Apple TV+ já garantiu nomes como os britânicos Steven Knight (*See*) e Neil Cross (*The Mosquito Coast*).

Ainda assim, o modelo americano de um *showrunner* que comanda não só a sala de roteiro, mas que tem a visão geral da série, ainda é exceção fora dos Estados Unidos. Poucos países têm legislação ou sindicatos fortes o bastante para representar os interesses da categoria, além de não ter a tradição de um agente como intermediário na negociação e de um roteirista como o chefe artístico de toda a produção.

No Brasil, por exemplo, é comum que o diretor ou o produtor, e não o roteirista-chefe, fique no comando artístico — seguindo o que acontece no cinema. Outra herança do cinema é a ausência de uma sala de roteiro. Em muitos países, o próprio criador da série escreve todos os episódios em vez de montar uma sala com outros roteiristas, como é feito nos Estados Unidos. Essas diferenças, aliadas aos orçamentos cada vez maiores das séries americanas, causam cenários cada vez mais desiguais entre a qualidade das produções americanas e no resto do mundo.

Apesar de tudo isso, produtores, executivos de programação e produtores de conteúdo pelo globo ainda acreditam que essa diversificação de vozes aumenta muito a qualidade dos programas de TV. A *Hollywood Reporter* listou o que considera os maiores *showrunners* internacionais de 2019:

Daniel Levy: *Schitt's Creek* (Canadá). A comédia conta com a presença ilustre de um pai e um filho famosos. O próprio Daniel Levy, ex-apresentador da MTV Canadá, estrela a série com a companhia de seu pai, a lenda cômica de *SCTV*, Eugene Levy, como produtor-executivo. Em sua quinta temporada, *Schitt's Creek* garantiu um contrato de três anos com a ABC Studios e quebrou o recorde de Emmys para uma só série em 2020, ganhando nove estatuetas (Melhor Comédia, Roteiro de Comédia, Direção, Ator e Atriz Coadjuvantes, Ator e Atriz protagonistas, Elenco e Figurino).

Gary Alazraki e Michael Lam: *Club de Cuervos* (México). A dupla, respectivamente um diretor e um escritor-produtor, se uniu ao produtor de *Californication*, Jay Dyer, para produzir a série que definiram como um "*Game of Thrones* do mundo do futebol".

Manolo Caro: *La Casa de las Flores* (México). O roteirista e diretor Manolo Caro mescla o absurdo das comédias românticas, a trama das novelas e diálogos que parecem saídos de shows de stand-up. Ao se tornar a série mexicana mais popular da Netflix, *La Casa de las Flores* garantiu a Caro um contrato de quatro anos com o gigantesco serviço de streaming.

Pedro Aguilera: *3%* (Brasil). A série englobou a tendência internacional da distopia. Após conquistar o posto de série em língua estrangeira mais vista nos Estados Unidos no seu ano de lançamento, abriu as portas para séries como a indiana *Leila* e a dinamarquesa *The Rain*, ambas também da Netflix.

Adam Price: *Borgen* e *Ride Upon the Storm* (Dinamarca). O país tem tradição em inovar no cinema, e agora também na televisão. Apesar do sucesso internacional de *Borgen*, um drama político que desafiou as convenções do gênero, a segunda série de Price, *Upon the Storm*, não alcançou os mesmos níveis de notoriedade fora da Europa. Ainda assim, a série garantiu o Emmy internacional para seu ator principal e pavimentou o caminho para a criação seguinte de Price, *Ragnarok*.

Álex Pina: *La Casa de Papel* (Espanha). Até os exigentes e nacionalistas produtores americanos admiram Pina. O sucesso estrondoso da terceira temporada do drama policial demonstra os motivos por trás do contrato exclusivo entre a Netflix e o roteirista espanhol. *La Casa de Papel* quebrou recordes ao ser assistida por 44 milhões de famílias nas primeiras quatro semanas de transmissão.

Baran bo Odar e Jantje Friese: *Dark* (Alemanha). O fenômeno criado pelo casal de roteiristas quebrou barreiras linguísticas, de acordo com a Netflix. Cerca de 90% do público da série de mistério sobrenatural não vinha da Alemanha, algo inédito para séries de línguas não inglesas. Tanto sucesso levou a Netflix a firmar, pela primeira vez na Europa, um acordo de desenvolvimento com Odar e Friese.

Carlos Montero e Dario Madrona: *Elite* (Espanha). Após conquistar mais de 20 milhões de famílias no primeiro mês de transmissão da segunda temporada, a série de mistério adolescente garantiu sua terceira temporada.

Charlie Covell: *The End of the F***ing World* (Reino Unido). Covell não imaginou que sua comédia de humor ácido fosse captar mais do que uma audiência de nicho. Para sua surpresa, a série que moderniza Bonnie e Clyde não apenas foi comprada pela Netflix como também recebeu uma indicação ao Emmy. Após o sucesso, a relação entre a Netflix e a *showrunner* continuou com a série seguinte de Covell, *Kaos.*

Henk Handloegten, Achim von Borries e Tom Tykwer: *Babylon Berlin* (Alemanha). A série bancada pela emissora pública alemã ARD, do canal pago Sky, e cuja distribuição internacional é da Netflix, gerou um novo recorde de orçamento para uma série não americana: 45 milhões de dólares para as primeiras duas temporadas.

Jed Mercurio: *Bodyguard* (Reino Unido). Mercurio já atraía grandes audiências dentro do Reino Unido com sua série de procedimento *Line of Duty*, da BBC, mas viu o sucesso internacional com o lançamento de *Bodyguard.* A série ainda rendeu um Globo de Ouro para a Netflix por seu ator principal, Richard Madden.

Laurie Nunn: *Sex Education* (Reino Unido). Nunn encontrou sucesso internacional com sua primeira série, *Sex Education.* A ótima comédia dramática alcançou mais de 40 milhões de famílias em seu primeiro mês na Netflix.

Leonardo Fasoli e Maddalena Ravagli: *Gomorrah* (Itália). Contando com mais espectadores na Itália do que *Game of Thrones*, a dupla Fasoli e Ravagli desenvolve histórias autênticas de máfia que conquistam o mundo. Tanto que garantiu uma nova série, dessa vez sobre o tráfico de cocaína para a Amazon Prime, o CanalPlus e a Sky chamada *ZeroZeroZero.*

Lisa McGee: *Derry Girls* (Reino Unido). A representação dos anos 1990 de McGee logo se tornou a série mais assistida na história do Reino Unido. Não demorou muito para que *Derry Girls* fosse lançada internacionalmente pela Netflix.

Mark Gatiss e Steven Moffat: *Sherlock* e *Dr. Who* (Reino Unido). A consagrada dupla de roteiristas e produtores da TV britânica desenvolveu outra série para a BBC e a Netflix, *Drácula*, com o dinamarquês Claes Bang como o famoso vampiro.

Neil Cross: *Luther* (Reino Unido). O veterano Neil Cross tem em sua bagagem *Luther*, que recebeu onze indicações ao Emmy e levou o Globo de Ouro de melhor ator para Idris Elba, intérprete do policial corrupto que lidera o drama psicológico policial. Contratado pela Apple TV+, é de Cross o drama *The Mosquito Coast*, estrelado por Justin Theroux.

Peter Morgan: *The Crown* (Reino Unido). Após o sucesso estrondoso das primeiras duas temporadas de *The Crown*, Morgan implementou o plano de mudar todo o elenco principal. Funcionou? A vencedora do Oscar, Olivia Colman, interpreta a versão mais velha da rainha Elizabeth II de Claire Foy. E faturou o Globo de Ouro 2020.

Russell T. Davies: *Years and Years* (Reino Unido). Apesar da audiência mediana, a série de distopia de Davies, *Years and Years*, foi aclamada pela crítica especializada.

Steven Knight: *Peaky Blinders* (Reino Unido). Outro veterano da TV britânica, a carreira de Knight vai desde o programa *Who Wants to Be a Millionaire* até o sucesso global de guerra de gangues *Peaky Blinders*.

Lior Raz: *Fauda* (Israel). Estrelado pelo próprio Raz, o thriller político conta com sua experiência real como ex-comandante antiterrorista e a expertise do jornalista e agora roteirista Avi Issacharoff. O sucesso de críticas tanto nacionais quanto internacionais chamou a atenção da Netflix, que contratou a dupla para filmar sua primeira série em inglês, *Hit and Run*.

Varun Grover e Vikramaditya Motwane: *Sacred Games* (Índia). A primeira série original indiana da Netflix, *Sacred Games* se afasta da estética de Bollywood. Uma mistura de humor, graças à sensação de stand-up Varun Grover, e à fria análise política das grandes cidades, a série contou com um orçamento de mais de 14 milhões de dólares e superou a audiência de *Stranger Things*.

Kim Eun-Sook: Mr. *Sunshine* (Coreia do Sul). Roteirista autoral na Coreia do Sul, Kim é conhecida por suas comédias românticas glamorosas e pelos diálogos à la *His Girl Friday*. Quando sua série Mr. *Sunshine* se tornou um sucesso de um canal fechado do seu país de origem, a Netflix não perdeu tempo em comprá-la.

SALA DE ROTEIRO (*WRITER'S ROOM*)

A sala de roteiro oferece um olhar crítico coletivo, em que as ideias que não servem para o grupo de roteiristas, comprometido única e exclusivamente com a história, rapidamente dão espaço para outras com mais força e substância. Não é uma rinha de galos, porque o ego fica do lado de fora e se trabalha em cima de conceitos técnicos. Quando se tem esse foco em que a prioridade é sempre a história, são muitas as possibilidades para o bem comum.

Jill Soloway, criadora de *Transparent* e integrante da sala de roteiro de *Six Feet Under*, vê sua sala como um jantar perfeito: "Você quer ouvir um monte de diferentes opiniões, mas ao mesmo tempo não quer que aquilo vire uma briga. Eu sempre procuro roteiristas que saibam interagir com os outros, mas que também tenham personalidades fortes. Você quer autores que comprem briga em termos criativos, mas não pessoais".

Os *writer's rooms* — com essa nomenclatura em inglês — surgiram nos Estados Unidos nos anos 1980 por uma questão geográfica. O mercado publicitário fica na Costa Leste, e a produção de séries fica em Hollywood, na Costa Oeste. Ou seja, o centro do país (os "*flyover states*") não podia se sentir excluído, e o que estava na televisão precisava ser relevante e vendável para os Estados Unidos inteiro, de costa a costa.

Assim, foram montadas equipes com roteiristas vindos de todos os lugares do país, para que o produto não fosse da Costa Oeste ou Leste. No início, as equipes chegavam a ter até quinze roteiristas dentro de uma sala, mas esse formato evoluiu e continua evoluindo com o streaming — mudaram um pouco sua composição, mas não seu processo: é preciso estar presente no mesmo espaço físico, *pensar* coletivamente e *contar* a história. A quinta temporada de *Transparent* mudou sua formação original para receber mais autores transgênero, cinco no total. O objetivo era dar autenticidade à voz dos personagens e era um reflexo natural da história, com o conceito de lugar de fala. "Estar presente é um compromisso diário. Nossa sala tem pufes, e passar os dias sonhando com as possibilidades daqueles personagens é a melhor coisa do mundo", diz Solloway.

O que acontece dentro de uma sala de roteiro? O que é uma sala de roteiro? É literalmente uma sala com quatro a doze roteiristas e um assistente. É de onde sai a história. É onde e quando se pensam as tramas oralmente, se refinam os personagens, se discutem as cenas, até que as sequências sejam encontradas e os atos definidos, é onde se mapeia a série até ela ficar de pé. É comumente chamada de "A Sala" ou, em inglês, *"The Room"*.

Na sala não se escreve. Todas as ideias são oralmente *pitched* — ou "vendidas" — para o grupo que as discute, critica e melhora até chegar a um consenso, sem perder o tema e a história de vista. São várias cabeças pensantes com um único destino: a cena, o personagem ou o episódio. Se não se chega a um consenso, o *showrunner* tem o voto de minerva.

Para roteiristas, aquele lugar é sagrado. De segunda a sexta-feira, é onde passam a maior parte do dia dividindo experiências e falando tudo que vem à cabeça sem pudor ou censura. E comendo — é notório como a comida que acompanha as reuniões costuma ser farta e importante para o processo. Quando decidem, todos têm a confiança de que aquela decisão é a melhor para a história. Só o computador do assistente está aberto, que é quem anota tudo que é dito.

Há em geral dois quadros brancos na sala de roteiro. No primeiro, a temporada é dividida em episódios (horizontalmente) e em tramas (verticalmente). No segundo, o episódio é dividido em atos. Ao longo do tempo, os dois quadros vão sendo preenchidos com cartelas que indicam, no primeiro, os grandes *beats* da história (as viradas da história), e, no segundo, os grandes *beats* do episódio. Às vezes, tem até um terceiro quadro, que Marta Kauffman, cocriadora de *Friends*, chama de "estacionamento", para as ideias que não entram no episódio.

A sala de *Breaking Bad* tinha um quadro adicional com um grande mapa de Albuquerque, a cidade do Novo México onde se passava a história, com as locações fixas que pertenciam a cada personagem — o objetivo era a lógica do tempo na hora de contar a história. Em produções mais ricas, como *For All Mankind*, da Apple, criada por Ron Moore, os quadros não são brancos, as cadeiras são poltronas gigantescas e os post-its são placas eletrônicas.

O segundo quadro está dividido em colunas que representam o número de atos do episódio, que precisam ser preenchidas até a data que o gestor determinar. Toda vez que o grupo chegar a um consenso, aquele *beat* vai para o quadro, escrito até em forma mais proseada, e o episódio começa a ganhar corpo. No fim da semana, tudo que estiver naquele quadro vai para o papel, que será distribuído pelo assistente de roteiro, em especial para o roteirista escalado para escrever o episódio. Esse documento vai servir como um mapa do trabalho. Ele então escreve a escaleta do episódio e envia para o *showrunner*, que vai modificá-la se achar necessário. Depois, ela será lida em sala outra vez, e o ciclo se repete até o episódio ser escrito.

Atenção: escrever é reescrever.

Alec Berg, *showrunner* de *Sillicon Valley*, disse ao *The Guardian* em 2019 que todo ano ele começa com o tema da temporada: "Começamos sempre nos perguntando sobre os problemas reais e atuais do Vale do Silício. Como vamos abordá-los? Foi o caso da temporada em que tratamos da diversidade de gênero, ou sobre privacidade. Por um lado, é mais fácil roubar assuntos da realidade do que inventá-los; por outro, temos de ser realistas para a câmera, o que exige muita pesquisa".

O criador de *Narcos*, Eric Newman, também falou da sua sala: "É onde toda a pesquisa que fiz por vinte anos se solidificou. O trabalho na sala faz com que todos conheçam a história por dentro e por fora. Todos os personagens, aonde querem ir, como se aproximam ou se rejeitam, como terminam". Como a dramaturgia surge da lacuna entre o que os personagens querem e o que eles têm, os roteiristas na sala os tratam como pessoas reais. "Aonde ele vai com isso? O que ele realmente quer? E passávamos de seis a oito semanas só nessas perguntas que iam gerar a história. Nada me faz mais feliz do que ter um roteirista que chega na sala dizendo que leu alguma coisa incrível sobre uma pessoa e pedindo para usar isso num personagem. Em qualquer sala, duas características são fundamentais: uma é a inspiração, a outra é a pesquisa. Falamos com todas as pessoas envolvidas, com [Pablo] Escobar, mas não tanto com os traficantes, porque eles sempre falam a mesma coisa: que são incompreendidos e inocentes."

Enquanto um roteirista estiver escrevendo seu episódio — algo que acontece na solidão e na intimidade do lar, e que pode levar até duas semanas em séries da TV paga, de três a quatro dias em séries da TV aberta —, os outros autores estão trabalhando nos episódios seguintes e voltando para a sala para ler. O *showrunner* está lendo tudo, sempre. E se o episódio já estiver em produção, o autor daquele episódio também vai estar no set, pois é ele quem altera o roteiro se for necessário. Também durante a produção, o *showrunner* tem que resolver milhões de pepinos — reuniões com outros departamentos, com o canal, sobre locações e elenco — e seu lugar é ocupado pelo *head writer*, ou roteirista chefe, que então coordena a sala.

Jason Katims, criador de *Parenthood*, *Friday Night Lights* e *About a Boy*, diz que nos primeiros dias de trabalho a preocupação dele é fazer com que os nove roteiristas de sua sala se entendam e se gostem, porque eles precisam se sentir à vontade para ficar dias inteiros lá dentro, trazendo histórias, muitas vezes pessoais. Essa é também a visão de Alex Gansa, *showrunner* de *Homeland*, que acredita que a sala é até um pouco terapêutica. Em entrevista à *Hollywood Reporter*, Gansa disse que "roteiristas são as pessoas mais antissociais que já conheci na vida, talvez porque trabalhem sozinhos. Então, a sala tem um aspecto social que reduz essa solidão, impulsionando o roteirista a ser ao mesmo tempo mais competitivo e companheiro".

Depois de anos em diversas salas de roteiro de séries de sucesso, como *Friends*, *Sex and the City* e *Gilmore Girls*, a *showrunner* Jenji Kohan se recusou a aguentar as práticas misóginas disseminadas em Hollywood. Ao montar a sala de roteiro da sua segunda série, *Orange Is the New Black*, Kohan conta que seguiu uma regra de ouro: "*No asshole!*" [Nenhum babaca!]. Como a série tratava de uma prisão feminina, Kohan chamou mais roteiristas mulheres do que homens — um padrão que iria repetir no futuro, com a série *GLOW*. Mesmo assim, a diversidade de gênero dentro da sala não poupou os roteiristas de críticas após a chocante morte de uma personagem negra na quarta temporada. A sala de roteiro

— sem nenhum roteirista negro — foi duramente criticada pela maneira como tratou a morte da personagem e a vida do seu assassino — um guarda carcerário branco.

Num artigo para a *Hollywood Reporter* sobre *The Good Place*, Michael Schur conta que trabalhou com onze roteiristas — seis homens e cinco mulheres. A maioria tinha trabalhado com ele em outras séries de sua autoria, mas todos lhe interessavam pelo que ele classificou como "diversidade intelectual e cultural". Na sala de roteiro, Schur queria pessoas de diferentes passados e experiências. Andrew Law, por exemplo, é formado em filosofia política. Grande parte da narrativa de *The Good Place* gira em torno de escolhas éticas e o que faz uma pessoa ser boa. Para Law, essa foi a primeira vez que sua formação acadêmica lhe rendeu um bom emprego. Já Josh Siegal, roteirista veterano de sitcoms, passou, além de fazer parte da sala de roteiro, a fazer algumas pontas como o demônio Glenn.

Pelo podcast *The Writers' Room*, sabemos que os criadores de *American Horror Story*, Ryan Murphy e Brad Falchuk, criam sua antologia de terror em uma sala estilo "sala de estar", com sofás e mesa de centro, em vez da tradicional "sala de conferência". Levando em consideração que cada temporada traz uma história completamente nova, Murphy e Falchuk buscaram roteiristas com experiência de vida para escrever a história de um casal que havia perdido um bebê.

Bruce Miller disse à *Observer* que, para *The Handmaid's Tale*, inspirada no livro *O conto da aia*, de Margaret Atwood, buscou inserir diversidade e roteiristas capazes de escrever vozes femininas fortes ao montar a sala de roteiro. Para ele, esses critérios eram mais importantes do que experiência dentro do mercado de séries. Além disso, ele gosta de trabalhar com pessoas inteligentes e teimosas, que falam o que pensam e não abaixam a cabeça. Ainda que a série tenha apenas dez episódios na primeira temporada, Miller comanda uma sala de roteiro grande, com oito roteiristas. Entre eles estão jornalistas, dramaturgos e ex-colegas de outras salas de roteiro. Todos são aficionados por notícias e política. Dos oito roteiristas, contando com Miller, cinco são mulheres. Suas experiências se traduzem na tela nas diversas personagens multifacetadas que povoam a premiadíssima série da Hulu.

Grande parte dos créditos de abertura de séries é para roteiristas, a maioria contendo a palavra *producer* [produtor]. A escala hierárquica na cadeia alimentar da produção televisiva é mais ou menos a seguinte: *Executive Producer*, que é o *showrunner*, *Co--Executive Producer*, *Supervising Producer*, *Producer*, *Co-Producer*, *Executive Story Editor*, *Story Editor*, *Staff Writer*. O que determina o crédito é o cachê. Quem ganha mais é o criador ou o *showrunner*, que é o mesmo que um *Executive Producer*, e seu cachê varia de 15 mil dólares a 30 mil dólares por episódio. Todo mundo abaixo dele ganha menos que isso. O *Co-Producer* ganha entre 10 mil dólares e 15 mil dólares por episódio. O *Supervising Producer* ganha entre 8 mil dólares e 10 mil dólares. E assim por diante.

Porém, o streaming não alterou apenas o jeito de se assistir a uma série, mas também está mexendo no processo de criação, o que pode representar uma mudança sísmica: as minissalas de roteiro.

Talvez ditado pelo objetivo da Netflix de priorizar quantidade para atrair o maior número de nichos possíveis, há um crescente aumento no número de minissalas, ou *mini-writer's rooms*, nos Estados Unidos. Para desespero do mercado de roteiristas, antes estável e lucrativo, agora surge mais uma peça da *gig-economy*, o modelo freelancer.

O "mini" significa ou uma sala com menos roteiristas, ou o desenvolvimento feito por um período mais curto, ou ambos. O resultado é invariavelmente uma produção mais instável, com autores menos experientes e ideias apressadas. "A minissala era uma coisa muito incomum quando entrei na televisão em 2013, e agora estão em toda parte", disse Patrick Somerville, roteirista de *The Leftovers* e *Maniac*, à *Vanity Fair* há alguns anos. "Com essa flexibilidade criativa, também surge o perigo de exploração do roteirista — com menos tempo garantido, menos dinheiro etc."

No processo tradicional da sala de roteiro, cria-se o arco inteiro da temporada, e talvez até mesmo o da série, com uma previsão de gastos para os cenários, as locações, o elenco e todas as outras variáveis necessárias para a produção. Na minissala, isso é impossível de se prever, porque os autores escrevem apenas um ou dois episódios e um documento que dá tintas do que pode vir adiante, mas sem garantia. Será que muitas séries vêm caindo de qualidade por isso?

Para formar uma minissala, a produtora ou o estúdio contrata três ou quatro roteiristas por um período de dois meses para ver se sai um piloto ou alguns episódios interessantes para o canal, sem comprometimento algum com a produção da série, algo que é até familiar para os brasileiros, mas um fenômeno recente para os americanos, que aos poucos estão se acostumando. "Na minissala, você tem a chance de trabalhar em algo que até então você achava que não combinava com você", diz Rachel Shukert, roteirista de *GLOW*. "O tempo de trabalho é bem curto."

Alguns exemplos de séries criadas nesse formato são: *Lodge 49* (AMC), *Utopia* (Endemol para Amazon) e os primeiros episódios de *GLOW* (Netflix).

3. Dinâmica da criação

PILOTO

Piloto é a matriz de uma série, e podemos dividir sua criação em quatro passos: o que ele vai estabelecer para a história começar, a definição de personagens e do universo, o evento disparador da história e um quarto, que é a carga emocional. A primeira coisa que os autores determinam na criação de um piloto é se será um episódio autocontido ou início de uma história serializada. Com o streaming, os serializados se tornaram populares, pois é possível ver a série inteira numa sentada. Antigamente, evitava-se a serialização, porque a série entrava em reprise diária nos canais a cabo e era muito difícil fazer o espectador acompanhar desde o início ou assistir a todos os episódios em sequência. Assim, o público poderia ver a série a partir de qualquer episódio.

Os roteiristas precisam decidir se o piloto é "o episódio que deu origem à série", estabelecendo a premissa, ou se a história já está correndo e o piloto é o protótipo. De qualquer maneira, para ser bem-sucedido, é fundamental mostrar o conflito principal, que vai se repetir todas as semanas, como se o piloto tivesse dentro dele um miniepisódio.

O segundo passo é definir quem aparece no episódio piloto e em que universo vamos seguir a história. O terceiro, o evento que dispara a história, é uma maneira de entendermos o papel de cada personagem.

Já o quarto é o arco do episódio: até o final do primeiro episódio, o protagonista vai passar por alguma transformação emocional. Mas não queremos que haja uma resolução completa, afinal queremos despertar curiosidade para os próximos capítulos, estabelecendo o arco da temporada. Não importa que novas tramas estejam acontecendo, é a trajetória daquele personagem que conhecemos no piloto e como ele reage ao mundo ao seu redor que vai fazer o espectador voltar. Nos dramas, em especial, a trama central avança muito pouco (*Breaking Bad, The Sopranos, Mad Men, Succession*). *How I Met Your Mother* passou anos sem responder a essa pergunta. Em *Game of Thrones*, passamos anos sem saber quem era a mãe de Jon Snow.

Enfim, o piloto ou o primeiro episódio de qualquer série é o LIDE: o quê/ quem/ quando/ onde/ por quê?

Tudo tem de estar no episódio. É a origem da história e o estabelecimento da franquia que podem se repetir *ad aeternum*, como uma nota promissória para o espectador: volta na semana que vem, ou veja o próximo, porque você vai saber mais sobre essa gente, seus segredos, seus sonhos, suas idiossincrasias...

É preciso preparar o espectador para o que vai ele sentir daqui pra frente, colocando as cartas na mesa, mas sem explicar tudo com todas as letras, porque não estamos retratando a realidade, como num documentário. Estamos criando um universo e convidando--o a entrar. O objetivo é conquistar o público. Tudo o que você quer é que o espectador se emocione com aqueles personagens. O trabalho do roteirista é criar eventos para que o espectador *sinta* alguma coisa a partir do que aquele personagem está fazendo. Com um investimento emocional, o espectador vai voltar sempre.

O PERSONAGEM E SUAS CAMADAS

O que vem primeiro: a história ou quem a conta? Não adianta apenas querer retratar o maior acidente nuclear da história e esperar ter a série pronta, como no caso de *Chernobyl*. O que nos interessa são as pessoas, os dilemas dos personagens, os atos de heroísmo, a revolta contra a burocracia insana de um Estado totalitário, a inocência das vítimas que foram pegas de surpresa em sua pacata rotina numa cidadezinha bucólica e com qualidade de vida, a frieza versus a tristeza do soldado que sacrifica os animais domésticos deixados para trás, os jovens que irão morrer ao se expor a uma radiação invisível e fatal para assistir ao incêndio no reator da ponte, a esposa que perde o marido bombeiro, os garimpeiros que cumprem o dever custe o que custar...

Enquanto lia sobre Tchérnobil, o criador da série, Craig Mazin, percebeu que sabia pouquíssimo sobre o incidente. Motivado pela curiosidade, Mazin estudou o assunto e ficou fascinado pelas histórias de quem vivia no local e sofreu diretamente com a tragédia, pessoas que se sacrificaram e lutaram para salvar quem amavam, seus compatriotas e o continente europeu de uma situação que só piorava. Essas histórias o emocionaram. Segundo Mazin, ele sentiu como se tivesse descoberto uma "guerra que as pessoas não tinham retratado", e ficou obcecado.

A principal razão pela qual assistimos a uma série pode ser resumida numa palavra: PERSONAGEM. Eu gosto dele? Que sentimentos ele desperta em mim, empatia, ódio, pena? Ele é igual a mim, pensa e age como eu, ou é diferente? Eu quero saber como o mistério será resolvido pelos personagens?

Todo personagem quer alguma coisa. Porém ele irá encontrar obstáculos no caminho para atingir seus objetivos, o que provoca dilemas, que o obrigam a tomar decisões, o que gera conflitos, que revelam alguma coisa nova sobre o personagem. Esse é o princípio das "camadas", um termo-chave da teoria de McKee.

Devemos responder a cinco perguntas para criar um personagem:

1. Quem é?
2. O que quer (objetivos, desejos)?
3. Por quê (motivação)?
4. O que acontece se não atingir o objetivo (risco, falhas)?
5. Como se transforma (arco)?

Walter White, o professor de química de uma escola pública de *Breaking Bad*, no episódio em que faz sua primeira venda de metanfetamina com o codinome Heisenberg, sabe que sua mulher, Skyler, vai parir um filho. Ele tem de fazer uma escolha: vai fazer uma venda da droga que produziu ou vai para o hospital?

Em *Better Call Saul*, o advogado honesto e injustiçado Jimmy McGill, que está se transformando em Saul Goodman, faz uma escolha na hora em que engana a própria namorada, Kim Wexler, no caso da Mesa Verde. É exatamente esses momentos que nos fazem "grudar" na tela da TV, que nos fazem querer ver o próximo episódio.

Em *Succession*, Kendall Roy é o segundo filho de Logan Roy e é seu sucessor natural. Mas ele tem um problema com drogas, compra uma empresa concorrente à revelia do pai, tenta vender sua própria empresa também contra a vontade do pai, e ainda se envolve num acidente fatídico, em que morre um inocente, fazendo com que o pai livre sua cara. A partir daí ele é completamente submisso ao pai? Mais ou menos. No último episódio da segunda temporada, o filho denuncia Logan para a imprensa.

A personagem de Nicole Kidman em *Big Little Lies*, da HBO, era um poço de contradições e de sentimentos, que despertava no espectador raiva, pena, tristeza, era impossível não sentir nada: ela era violentamente abusada pelo marido, e depois, já viúva, sentia falta disso, buscando relações abusivas.

Os personagens, como nós, são complexos, contraditórios, surpreendem, por vezes agem de modo irracional, em outras a razão fala mais forte. Se existe uma virtude, existe também um defeito. Para cada aptidão, uma falha. Se existe um jeito de ser, pode existir também o seu oposto — como dizia Jung, tem a sombra. E, muitas vezes, o conflito surge porque o antagonista revela aquilo que o outro queria ser, rivalizando com ele. Como teoriza Renée Girard: "Através dos personagens, nosso próprio comportamento é exibido. Todos se apegam com firmeza à ilusão da autenticidade dos próprios desejos. Os escritores expõem de maneira implacável toda a diversidade de mentiras, dissimulações, manobras e o esnobismo dos heróis. São apenas truques do desejo, que impedem que alguém encare a verdade: a inveja e o ciúme. Esses personagens, desejando ser outro, projetam nele virtudes sobre-humanas, e ao mesmo tempo se depreciam, fazendo dele um deus enquanto se fazem escravos".

Uma história rica sempre vai mostrar as dimensões do personagem aos poucos, ela vai se revelando, como uma cebola sendo aberta.

WALTER WHITE (*Breaking Bad*)
Pai de família — Sociopata
Gentil — Violento

Empregado — Empresário
Cientista — Criminoso
Pede desculpas — Nunca se arrepende
Impõe regras — Infringe a lei
Exige lealdade — Trai todo mundo
Idolatra a ciência — Corrompe a ciência
Arrisca a própria vida — Ama a própria vida
Racional — Impulsivo
Calmo — Explosivo
Autoconfiante — Inseguro
Perspicaz — Cego
Outros — Ele mesmo
Walter — Heisenberg

TONY SOPRANO (*The Sopranos*)
Dominado pela culpa — Sociopata
Orgulhoso — Envergonhado
Calculista — Intuitivo
Depressivo — Otimista
Leal — Traiçoeiro
Calmo — Em pânico
Destemido — Aterrorizado
Desdenha — Inveja
Mata pessoas — Salva animais
Ama mulheres — Tem medo de mulheres
Ama a família — Odeia a família

DON DRAPER (*Mad Men*)
Don Draper — Dick Whitman
Estrategista — Passional
Sentimento de culpa — Arrogante

Mente para todas as mulheres — Chora a morte de Anna, mulher de Don
Cool, suave — Distante, frio
Manipulador — Protetor
Criatividade o anima — Indiferente ao sucesso
Profissional bem-sucedido — Profissional autodestrutivo
Mulherengo — Romântico
Macho alfa — Alcoólatra
Narcisista — Infeliz
Ambicioso — Inseguro

PIPER CHAPMAN (*Orange Is the New Black*)
Ingênua — Sagaz
Privilegiada — Prisioneira
Mimada — Resiliente
Corajosa — Covarde
Segura — Perdida

SHIV ROY (*Succession*)
Ambiciosa — Dissimulada
Leal à família— Trabalha para o inimigo
Depende do marido — Medo de compromisso, infiel
Autoconfiante e brilhante — Insegura
Vítima do machismo familiar — Algoz do marido

O bom texto é aquele que vai revelando o personagem aos poucos. O protagonista é nosso personagem principal, nosso elemento de marketing, o cara com quem a gente se relaciona. Tem que provocar alguma coisa no espectador, que pode ser admiração ou repulsa. Como em *Succession*, em que todos são... repugnantes, mentirosos, toscos, manipuladores, porém nos fascinam. Não precisamos necessariamente gostar deles, mas precisamos nos ver na tela e nos interessar por eles.

Acompanhamos pessoas, e não exatamente a trama. Nos lembramos de pessoas.

PERSONAGEM = PONTO DE VISTA + DESEJO + FALHA

Assim como as dimensões de um personagem são opostos dentro da própria personalidade, para garantir conflito e empatia, o cercamos também de opostos — aqueles com quem ele contracena, seus pares, seus interlocutores, suas sombras. Alguns exemplos:

Em *Game of Thrones*, Arya é habilidosa, rápida e bem-humorada, enquanto o Cão é desajeitado, lerdo e mal-humorado.

Em *Succession*, Tom é pateta e Shiv é ardilosa. Tom é do Meio-Oeste e Shiv, urbana. Tom concorda com tudo que Shiv disser, enquanto Shiv está pensando em reatar com seu ex-namorado. São opostos em tudo que pensam.

Em *Two and a Half Man*, o travado e neurótico Alan é o oposto do irmão, o sedutor e carismático Charlie.

Em *Mad Men*, o infiel, relapso, workaholic, maníaco compulsivo e republicano Don é o oposto da esposa fiel, dedicada, depressiva e dona de casa, que se envolve com democratas, Betty.

Em *Dead to Me*, Jen é pragmática, irritadiça e um pouco grossa, enquanto Judy é extrovertida, amigável, lépida e um pouco hippie.

Em *The Affair*, são quatro protagonistas, e, portanto, quatro opostos: Noah é o oposto de Cole; Helen é o oposto de Alison; que é oposto de Cole; que é o oposto de Helen; que é o oposto de Noah.

Em *13 Reasons Why*, o comedido Clay é radicalmente diferente do problemático Justin, do arrogante Bryce e do desequilibrado Tyler.

Em *The Americans*, Elisabeth é fria e assumidamente comunista, enquanto Philip Jenkins é o oposto, e chega a considerar largar a KGB para ficar com a família.

Em *Better Call Saul*, Saul é um vigarista com senso de justiça, e Kim é o oposto: é íntegra, acredita no sistema e nas leis.

A maioria dos livros sobre roteiro apresenta tópicos "mandatórios" sobre a construção de personagem. São todos escritos de formas variadas, mas são basicamente a mesma coisa. Está lá o *desejo*, que na verdade é a *necessidade dramática*. Todo personagem quer alguma coisa. Se não quiser nada, é dispensável e é melhor não existir, pois não se conta uma história sobre quem não quer nada. O protagonista sempre tem desejos, opiniões, convicções, moral. O público tem tolerância zero para com alguém que não quer nada. Todo personagem tem *um ponto de vista*, que na verdade é a sua maneira de ver o mundo, e tem como função entrar em conflito com quem o cerca. Todo personagem tem *uma falha*, que é o que gera identificação de alguma forma, empatia. Todo personagem aprende alguma coisa no decorrer da história, tem desejos ou necessidades secretas e subconscientes, que é o que o liga ao tema. No cinema, a *mudança* é mais rápida, mais aparente. Na televisão, mais gradual. Todo objetivo do storytelling é colocar o personagem em situações em que precise fazer uma escolha que revela alguma coisa a mais sobre ele mesmo.

Na comédia, o personagem não muda e segue algumas convenções básicas: tem defeitos, que é o que o separa de uma pessoa normal; tem humanidade, que é a qualidade que o conecta com o público; e exagera essas duas características.

Os livros de roteiro também listam o que deve compor as "fichas" de personagem que a sala tem como referência. Aqui vão alguns exemplos usados pelo professor e roteirista Lucas Paraizo, da Pontifícia Universidade Católica do Rio de Janeiro (PUC-RJ) e da Escuela Internacional de Cine y Televisión (EICTV), em Cuba:

Perfil físico: são todas as características físicas que concordem com as ações do personagem (mesmo as deficiências). O que interessa é o efeito de realidade e de identificação que essas características transmitem.

Perfil sociológico: é tudo o que determina como o personagem pensa e atua. É como ele se integra ao sistema de outros personagens. Quem é? De onde vem? Quem é sua família? Como fala? Sua profissão? Seus valores?

Perfil psicológico: suas virtudes, positivas e negativas, que resultam da combinação dos perfis físico e sociológico, e que determinam sua conduta: é valente? Corajoso? Medroso? Romântico? Exaltado? Calado? Falante? Grosseiro? Simpático? Exagerado? Mentiroso?

Na ficha, descrevem-se os personagens:

Características pessoais: sexo, idade, cor e estilo de cabelo, biotipo físico, peculiaridades físicas, características físicas da fala, estado de saúde etc.

Características sociológicas: estado civil, antecedentes familiares, classe social, nível de educação, relação com o dinheiro, ocupação, interesses, contatos sociais, maneira de se vestir, ética/ moral, inclinações políticas, esportes que pratica, hobbies, capacidades intelectuais, nível de ambição etc.

Características psicológicas: fantasia favorita, paradoxo (oposto a fantasia), problemas, fobias, vícios, preferências sexuais, gostaria de ter tido um relacionamento amoroso com que qualidades, habilidades, defeitos, gostos, personalidade que se parece com o personagem etc.

Podem-se criar características pessoais, como mapas astrológicos, comparar o personagem a um animal, definir para que time torce, qual estilo de música gosta, que pasta de dente usa, se é de esquerda, centro ou direita, se gosta mais de gatos ou de cachorros.

Darren Star, de *Sex and the City*, criou suas quatro personagens mais famosas com base nos dezesseis tipos de personalidade do *Myers Briggs Type Indicator* — uma classificação tipológica utilizada para identificar características e preferências pessoais, inspirada em Jung. Há autores que usam até numerologia, não importa a forma: personagens precisam ser diferentes entre si e complexas.

Por fim, fazemos um checklist:

CHECKLIST PERSONAGEM

✔ Você gosta ou tem empatia com o protagonista? Ele tem carisma?

✔ Qual sua motivação principal? Secundária?

✔ O que ele não sabe que ele precisa?

✔ Que transformação interior vai passar?

✔ Está no caminho para alcançar seu objetivo? Tem obstáculos?

✔ Tem dimensões/falhas? Vão se revelar aos poucos?

✔ Todos à sua volta têm função dramática? Tem relação com o tema? Todos estão desenvolvidos?

QUEM É ESTE PERSONAGEM?
O QUE QUER?
QUAIS SEUS DILEMAS?
QUE RISCO EMOCIONAL CORRE?
O QUE FAZ PARA ALCANÇAR SEU OBJETIVO?
QUE RELAÇÃO TEM COM O TEMA DA SÉRIE?

CONFLITOS (interiores e externos) o impedem de alcançar seus objetivos. Causam escolhas que provocam dilemas.

O protagonista **NÃO PODE** resolver seu dilema principal até o fim da série.

Uma história rica sempre vai colocar o protagonista em situações que revelam seu caráter **AOS POUCOS**.

Essas são as perguntas que a gente tem de se fazer quando analisamos cada personagem. Conflito: um interior e outro externo. Em geral é bem simples e ligado ao tema. O protagonista não pode resolver o dilema principal que o impede de alcançar seu objetivo até o final da série (às vezes, nem mesmo no fim). E sempre — sempre! — vai ser verdadeiro em relação ao que acredita. Uma história rica coloca o protagonista em situações que revelam seu caráter aos poucos. A comédia não é muito diferente. O personagem de comédia não percebe as coisas como uma pessoa normal — se olharmos bem de perto, talvez ele tenha um parafuso a menos. São as situações que o roteirista faz o personagem passar que fazem a gente entender isso.

O personagem tem motivações externas e internas, aparentes e secretas. Quando o personagem está sendo criado, o roteirista, além de definir seu objetivo e conhecer suas virtudes e *misbehaviors* [mau comportamento], precisa saber o que o motiva secretamente. Essa motivação em geral está ligada ao tema da série.

UMA IDEIA BOA NÃO BASTA?

A boa ideia é mais que bem-vinda. Mas não basta anunciar que se vai à Lua. É preciso mobilizar técnicos, projetar o foguete, construí-lo e, acima de tudo, ter dinheiro para o projeto. Todo mundo sempre tem "uma ideia hilária" ou "uma ótima ideia para uma série". Mas, e daí? Ideia todo mundo tem.

Se você é fã de série, garanto que já pensou em fazer alguma sobre algo que ouviu falar ou lhe aconteceu. E, se você é do mercado, já ouviu um amigo dizer: "Estou pensando numa série". Ou até já recebeu uma proposta: "Isso dá uma série". Se é escritor ou roteirista, é o que mais escuta: "Dá uma série, hein?".

No Brasil, e até mesmo nos Estados Unidos, há um zelo especial pela literatura. Muitas produtoras compram os direitos de livros pensando em transformá-los em séries. Tudo gira em torno do IP. É o que se pode chamar de "mijar no poste", ou seja, se delimita um território. Se você compra um livro, é uma garantia de ter um IP estabelecido. Mas por que não fazer algo original? Nem todas as ideias se destacam quando nascem. Muitas devem ser descartadas, refeitas. Como descobrir qual ideia emociona, o que faz um roteirista gostar dela? Seguem algumas perguntas úteis que devemos nos fazer:

1. Por que você decidiu escrever sobre isso?
2. Por que é importante escrever sobre esse tema?
3. Que interesse ele desperta no espectador?
4. Qual a relevância? Por que aqui e agora?
5. O que você quer dizer ou passar com essa história?

Na ficção, a base da dramaturgia é conflito, o que significa dizer obstáculo: a ação de personagens em busca de alguma coisa que não vão conseguir, porque encontram reveses, e os dilemas formados e as decisões que eles precisam tomar revelam a complexidade desses personagens. Assim, para gerar uma franquia, ou seja, o motor presente em cada episódio, é necessário fazer esta equação:

PERSONAGEM + OBJETIVO + OBSTÁCULO = CONFLITO

Portanto, uma boa ideia não basta. Uma história bem contada precisa tocar em três pontos: fazer o público se relacionar com os personagens, mantê-lo intrigado e satisfazer suas expectativas. Também só vai se desenvolver se fizer sentido para o business (audiência, marketing, vendas e lucro).

Um exercício divertido usado pelos professores do Programa de Escrita Criativa da Universidade da Califórnia em Los Angeles (UCLA), cujo objetivo é gerar ideias que, eventualmente, podem virar séries, episódios ou tramas, é uma técnica de brainstorming bastante comum em salas de roteiro e muito boa para ressoar com o espectador. É fundamental que seja feita numa sala cheia de gente diversa, como uma sala de roteiro precisa ser:

Qual é a série de TV que mais o marcou, que você não podia perder um episódio?

Qual é a série de TV mais recente que você adora?

Por quê? O que tem nessas duas séries que faz com que você as adore? O que provocam em você?

Ouça as respostas e deixe o espírito crítico de lado.

Então, pegue os elementos em comum de todas as respostas que surgiram e, com isso, crie uma premissa-tentativa. Essa premissa pode evoluir para o que será a franquia de uma série, de um episódio ou de uma trama.

O tema é o que diferencia uma série da outra. É o porquê dessa história — por que aqui e por que agora. Serve como norte do roteirista, é o que não pode ser perdido de vista e o que Robert McKee chama de "ideia governante". Donna Michelle Anderson, também conhecida como DMA, chama isso de "ideia predominante". Outros chamam de ideia principal, tese, tópico controlador etc. Porque você tem alguma coisa relevante a dizer e por isso está contando essa história. Em geral tem a ver com a condição humana — assim o público se conecta.

Friends é a história de quando seus amigos são a sua família, bem comum nos dias de hoje.

> **TEMA = SIGNIFICADO DA HISTÓRIA**
>
> ---
>
> É o tema que vai fazer
> a história se distinguir de todas as outras.
> Geralmente está ligado a algum valor humano,
> que são universais e atemporais.
>
> Temas de episódios: valores relevantes para a
> audiência, um por episódio, como justiça, amor,
> verdade etc.
>
> Em comédias, o tema em geral é sobre algo que
> causa revolta.
>
> ---

Mad Men trata da questão da identidade.
Breaking Bad e Better Call Saul são sobre como o bem se transforma no mal.
Veep fala do triunfo da incompetência.
Game of Thrones é sobre poder. Succession também.
Big Little Lies é sobre a amizade entre mulheres.
Modern Family e Schitt's Creek é sobre o amor de uma família.
Sob pressão é uma análise da vida, da morte e da sobrevivência.

Todos esses temas são universais, atemporais e têm estofo suficiente para gerar episódios e séries. Qualquer pessoa se identifica e se relaciona com eles. Falam de justiça, amor, vaidade, tolerância, amor-próprio, disciplina, respeito, amizade, fraternidade, integridade, honra, dignidade, lealdade, patriotismo e honestidade.

Assim, começa-se identificando a premissa. Para detectar as possibilidades que uma premissa oferece, o roteirista deve se perguntar: "E se...?". Isso desenvolve a ideia e aprofunda as hipóteses ao redor da história. Quanto mais perguntamos "e se...?", mais seguros estaremos de nossas escolhas, e mais convincente será o resultado dessas escolhas narrativas.

A premissa mais inteligente do mundo é apenas isso, uma premissa, até que vire um formato (franquia) que atraia uma audiência e o investimento de uma produtora ou um estúdio; até que tenha um protagonista através do qual o público a entenda em termos concretos, alguém com quem possa se identificar e por quem pode torcer ou a quem pode odiar. Essa etapa de definição da premissa explora também a estratégia que será utilizada no roteiro. É ao longo desse processo criativo de concepção da série que a premissa se aprimora e se torna mais sólida. Ela concede a cada história a sua originalidade própria. A partir da premissa, o roteirista constrói o universo da trama, assim como suas próprias regras e seus próprios desafios. A seguir, indicamos alguns exemplos:

Stranger Things: E se quatro garotos que amam fantasia descobrissem uma garota com poderes telecinéticos? E se eles vivessem em uma cidade pacata dos Estados Unidos? E se a história se passasse nos anos 1980? E se a garota com poderes fosse uma arma dos Estados Unidos contra a União Soviética?

The Marvelous Mrs. Maisel: E se uma jovem muito engraçada fosse largada pelo marido que queria ser comediante? E se ela, bêbada e com raiva, subisse num palco e começasse a fazer piadas? E se ela fosse de uma família conservadora de classe alta, na Nova York dos anos 1960? E se ela pegasse gosto pela coisa, mas tivesse que esconder a nova atividade da família?

Dear White People: E se uma jovem ativista negra estudasse numa universidade majoritariamente branca? E se ela tivesse um programa de rádio? E se, para desmascarar o racismo que ela e outros alunos negros sofriam diariamente, ela armasse uma festa que tinha o tema "*black face*" na maior fraternidade da faculdade? E se isso desencadeasse uma investigação?

Barry: E se um assassino de aluguel quisesse ser ator? E se ele fosse para Los Angeles a trabalho e acabasse ficando por lá, fazendo aulas de atuação? E se ele precisasse continuar a trabalhar como assassino para se manter enquanto não consegue se tornar ator? *Jane the Virgin*: E se uma novela sobre uma virgem grávida virasse uma série? E se uma jovem de família latina que queria esperar até seu casamento para perder a virgindade engravidasse por uma inseminação artificial acidental? E se ela trabalhasse para o casal que deveria ter sido inseminado? E se ela decidisse ficar com o bebê?

Uma premissa equivocada, no entanto, torna a história frágil ou insustentável. Nesse caso, os mecanismos criativos não concordam entre si e impedem o avanço natural da trama. Se *Stranger Things* não se passasse nos anos 1980, a série perderia tanto seu poder nostálgico quanto a temática da Guerra Fria, que é seu pano de fundo. Se a festa *"black face"* que desencadeia os eventos em *Dear White People* tivesse sido idealizada por alunos brancos em vez de ter sido uma armação da personagem principal, a série perderia as nuances de seus personagens multifacetados e a dura crítica social.

Ao definir a premissa, concebemos a série em grandes dimensões e descobrimos a maneira com que é preciso desenvolvê-la — ou se é preciso retroceder e recomeçar.

COMO NASCERAM AS IDEIAS DAS SÉRIES DE TV

The Sopranos: O criador de *The Sopranos* inicialmente visualizou a história como um filme. Inspirado por *O poderoso chefão* e por sua própria situação pessoal e familiar, David Chase teve a ideia de fazer um longa-metragem sobre um mafioso que fazia terapia para discutir os problemas que tinha com a sua mãe. Foi o gerente dele, Lloyd Braun, que sugeriu a Chase que fizesse uma série em vez de um filme. Chase, amante do cinema, não queria criar uma série, mas foi convencido pela confiança de Braun no conceito da série.

The Wire: David Simon era um jornalista frustrado quando imaginou o conceito de *The Wire*. Simon trabalhou por anos junto ao departamento de polícia de Baltimore e se apaixonou por esse mundo. Ele escreveu um livro sobre os casos que acompanhou. Quando por fim o jornal no qual trabalhava mudou de direção, e Simon percebeu que não estava mais reportando a verdade como ele via, mas sim a que seus chefes queriam mostrar, ele saiu do jornal e abraçou a carreira de roteirista.

Lost: Essa série tem uma origem peculiar. A primeira versão foi idealizada por Lloyd Braun, o presidente da ABC Entertainment. Após passar férias no Havaí, Braun assistiu ao filme *O náufrago* e ficou com o reality show *Survivor* na cabeça. Ele então combinou os dois numa história: e se doze desconhecidos sobrevivessem a um acidente de avião? Para o executivo, o apelo da história estava na capacidade de sobrevivência dos personagens. Foi ele também que pensou no título da série. Depois de contratar um roteirista para escrever o piloto, que não atingiu as expectativas de Braun, o executivo pediu para que outro escritor, J. J. Abrams, largasse um projeto em andamento e focasse em *Lost*. Braun também trouxe outro escritor, Damon Lindelof, que logo tratou de formular suas próprias ideias. Para ele, os personagens seriam pessoas perturbadas, que não teriam vontade de voltar para suas vidas. Foi de Lindelof a ideia de usar flashbacks para explorar o passado e as motivações dos personagens. Já Abrams, que é conhecido por inserir mistérios em seus projetos, criou a escotilha, de onde sairiam os maiores enigmas da ilha. Abrams e Lindelof e mais outros roteiristas criaram um conceito pelo qual se apaixonaram tão perdidamente que, para colocar a série no ar, chegaram a mentir para a ABC, garantindo que não seria serializada — algo que a ABC não queria em hipótese alguma.

Hannibal: Como um homem gay, o criador de *Hannibal*, Bryan Fuller, sempre se sentiu intrigado pelas amizades entre homens heterossexuais. Sua adaptação dos livros de Thomas Harris veio da vontade de explorar os padrões de romance e devoção não sexualizados, porém profundos, entre dois homens.

Black Mirror: Charlie Brooker, criador de *Black Mirror*, se interessou por discutir o uso de tecnologias, mas seu principal foco foi o formato da série. Brooker sentia que a tendência era de "arcos longos, de cinco temporadas, sobre homens e mulheres perturbados(as), mas fascinantes", dos quais ele gostava, porém o faziam sentir falta de algo diferente. Brooker queria contar histórias pontuais, de um único episódio, e que gerassem reflexão.

Westworld: A criação da série nasceu de um esforço em comum do produtor e diretor J. J. Abrams e dos criadores Jonathan Nolan e Lisa Joy. Abrams apresentou a ideia ao casal, para adaptar para uma série o filme de ficção científica *Westworld* (de 1973). O filme é sobre robôs de aparência realista que se voltam contra os visitantes humanos de um parque de diversões. O casal se interessou pelas temáticas que a trama permitiria explorar.

Sharp Objects: Gillian Flynn, autora do livro que originou a série, que ela também produz, queria explorar a raiva feminina. Ela estava cansada de ler sobre homens e violência. Para Flynn, tem muito a ser dito sobre pessoas que aparentam estar bem, mas que escondem muita dor dentro de si. Assim, a partir da história do livro ela investiu na personagem principal, Camille (Amy Adams), uma repórter que investiga assassinatos e paradoxalmente se automutila com objetos cortantes.

Breaking Bad: Um dos roteiristas da série, Tom Schnauz, e o criador, Vince Gilligan, ambos colegas da Universidade de Nova York (NYU), estavam um dia conversando ao telefone, chorando as pitangas porque estavam desempregados e se perguntando o que fazer. Tom mencionou um artigo que tinha lido no *New York Times*, que falava de um cara que montou um laboratório de metanfetamina no fundo de um caminhão desses que vendem sorvete, e perguntou: "Por que a gente não faz isso?". A ideia foi imediata para Vince. Ele se colocou no lugar do cara e se perguntou: "E se fosse um cara como eu?".

Game of Thrones: A origem desta série está descrita no livro *Fire Cannot Kill a Dragon*, de James Hibberd, lançado em 2020. Nasceu do desejo de dois roteiristas novatos — Dan Weiss e David Benioff — de escrever uma série de ficção científica. Desde a primeira leitura do livro *Song of Ice and Fire*, de George R. R. Martin, ao *pitch* inicial com a HBO, mais um ano e meio de negociação de direitos com o autor e um piloto terrível feito por dois *showrunners* que nunca tinham trabalhado em televisão, tudo dava indícios de que a série estava fadada ao fracasso. O primeiro piloto foi filmado em outubro e novembro de 2009 e praticamente jogou 10 milhões de dólares no lixo — nada foi aproveitado. Segundo Nikolaj Coster-Waldau (Jamie Lannister), "ninguém sabia o que estava fazendo". Benioff e Weiss apresentaram um corte bruto para a família para ter uma noção da reação de público e contam que a experiência foi, no mínimo, desagradável. Prontos para ouvir que *Game of Thrones* não ia adiante, foi o ex-CEO da HBO, Richard Pepler, que apostou que havia uma série no meio daquele festival de erros e autorizou a refilmagem de um novo piloto com novo cast, novo diretor e novo roteiro. E lá se foram outros 10 milhões de dólares. Ainda bem.

SÉRIES BRASILEIRAS

Carcereiros: Veteranos de séries policiais como *Força-tarefa* e *O caçador*, o escritor e roteirista Marçal Aquino e o parceiro Fernando Bonassi foram abordados pela Rede Globo quando ela adquiriu os direitos de adaptação do livro *Carcereiros*, de Drauzio Varella. Inspirados pelas histórias quase que anedóticas da obra, que se passa em um local tão terrível, Aquino e Bonassi modernizaram a ambientação carcerária e criaram um protagonista que seguiria o dia a dia da cadeia. Para Aquino, interessava trazer para esse mundo assuntos caros a eles, como racismo e o tratamento de minorias, personificados pelas figuras da série.

3%: Influenciado por distopias clássicas, como *1984* e *Admirável mundo novo*, e por séries como *Lost*, Pedro Aguilera tinha a ideia de explorar o quão brutal poderia ser um processo de seleção que definiria a vida de uma pessoa, e o quão perverso esse processo poderia ser dependendo de quem julgasse os candidatos. Ao criar uma versão exagerada das disparidades sociais, num mundo em que 97% da população vive na miséria e os outros 3% vivem em um bom lugar, o motor da série era a discussão acerca da desigualdade social e de oportunidades.

O mecanismo: Em entrevistas para o site *Omelete* e para o jornal *El País*, José Padilha conta que, após o sucesso de *Narcos* na Netflix, ele foi abordado pelos produtores do serviço de streaming para fazer uma série brasileira. Interessado pelos acontecimentos em torno da operação Lava Jato e querendo explorar a descrença em relação à classe política como um todo, Padilha apresentou o livro *Lava Jato: O juiz Sergio Moro e os bastidores da operação que abalou o Brasil*, do jornalista Vladimir Netto, para a Netflix. Surgiu daí a série escrita pela veterana Elena Soárez (*Filhos do Carnaval*), que causou muita polêmica na primeira temporada por abordar um tema político até então mal esclarecido no país, elevando a temperatura e polarizando o debate político, e que utilizou personagens reais falando frases ditas por outros personagens ou seus adversários. Apesar de boa, a segunda temporada foi um fracasso, levando a Netflix a repensar sua estratégia para o país e a maneirar nos temas polêmicos, em especial os políticos.

Sob pressão: Andrucha Waddington comentou durante uma coletiva de imprensa para a divulgação da segunda temporada que a série fala sobre como a ambição pode prejudicar a rotina de um pronto-socorro deteriorado pela falta de recursos públicos.

Sintonia: Kond, o produtor fenômeno do canal KondZilla do YouTube, com mais de 50 milhões de assinantes, procurou a produtora Losbragas LB para realizar um curta-metragem. O roteirista Guilherme Quintella e a produtora Rita Moraes, que já tinham emplacado antes a série *Samantha!* na Netflix, pensaram: "Por que não uma série?". Para Rita, *Sintonia* era a oportunidade de dar voz a um público que não está acostumado a se ver na tela. A primeira temporada estreou em 2019.

O negócio: Inicialmente contratados para desenvolver uma série sobre uma mulher de programa que aplica conhecimentos de marketing em seu trabalho, o trio de roteiristas Fábio Danesi, Camila Raffanti e Alexandre Soares Silva se inspiraram na ideia de desafiar as expectativas que se tem em relação às pessoas que vivem à margem da sociedade. A pergunta "por que não?" gerava não apenas novas histórias para a trama, mas também diversas pesquisas que traziam à tona narrativas verossímeis de personagens pouco retratados.

FRANQUIA (FRANCHISE)

Um dos termos mais comuns no desenvolvimento de uma série é o franchise, ou franquia, que é o mecanismo que se repete em todos os episódios até o final da série, gerando as histórias. Se a premissa estabelece a série, a franquia é o motor que leva a série adiante por sessenta episódios ou mais. E em geral é muito simples. O que pode ser uma franquia? Uma profissão, a necessidade de sobrevivência, uma época ou ambientação, os conflitos de uma família, um escritório, amigos que moram juntos. Por exemplo:

Chernobyl: Cientistas, técnicos e bombeiros precisam lidar com um acidente nuclear inédito de proporções catastróficas (uma temporada, cinco episódios).

Law & Order: Acompanha a investigação de crimes tanto do ponto de vista da polícia quanto dos criminosos (vinte temporadas, 456 episódios).

Grey's Anatomy: Drama centrado na vida pessoal e profissional de cinco cirurgiões internos e seus supervisores (dezessete temporadas, 380 episódios — ainda no ar).

CSI: Uma equipe de elite de peritos em investigação forense da polícia investiga casos em Las Vegas (quinze temporadas, 338 episódios).

ER: Acompanha as vidas, os amores e as perdas dos médicos e das enfermeiras do hospital geral do Condado de Chicago (22 temporadas, 331 episódios).

Family Guy: Uma família disfuncional tenta lidar com o dia a dia, enquanto passa pelas situações mais malucas (dezoito temporadas, 330 episódios).

Supernatural: Dois irmãos seguem os passos do pai e caçam todo tipo de monstros sobrenaturais (dezesseis temporadas, 307 episódios).

The Big Bang Theory: Geeks precisam aprender a se relacionar com mulheres (doze temporadas, 279 episódios).

How I Met Your Mother: Ted Mosby conta para os filhos suas aventuras românticas até finalmente chegar na história de como conheceu a mãe deles (nove temporadas, 208 episódios).

House: Um médico não convencional, genial, misantropo e viciado resolve os casos mais difíceis (oito temporadas, 177 episódios).

Lost: Os sobreviventes de um acidente de avião precisam trabalhar juntos para resistir aos mistérios da ilha onde estão (seis temporadas, 122 episódios).

Breaking Bad: Um pacato professor de química descobre que está com câncer e resolve prover para sua família vendendo metanfetamina (cinco temporadas, 62 episódios).

Better Call Saul: Um advogado honesto, cansado de não ser reconhecido como tal, se transforma em um advogado vigarista que defende casos que vão de multas de trânsito a assassinos confessos usando métodos não convencionais (seis temporadas, 60 episódios).

The Killing: A investigação de um assassinato pela detetive Sara Linden e seu parceiro Holden (quatro temporadas e 44 episódios).

Mr. Robot: Elliot, um jovem antissocial e com depressão clínica, é um engenheiro de segurança digital de dia e hacker de noite (quatro temporadas, 45 episódios).

Ozark: Um consultor financeiro arrasta sua família de Chicago para as montanhas Ozarks, no Missouri, onde deve lavar dinheiro para apaziguar um traficante de drogas mexicano (quatro temporadas, quarenta episódios — ainda no ar).

LOGLINE

O *logline* é uma frase que define a série e resume a alma da história. É aí que se identifica o potencial de longevidade da série, como o conflito principal vai render tramas. Tem um protagonista, uma ação e um objetivo ou desafio/obstáculo, preferencialmente contendo um valor. O *logline* vai gerar a franquia.

Para achar o *logline*, Pilar Alessandra, diretora do programa *On The Page* para roteiristas, propõe os seguintes exercícios:

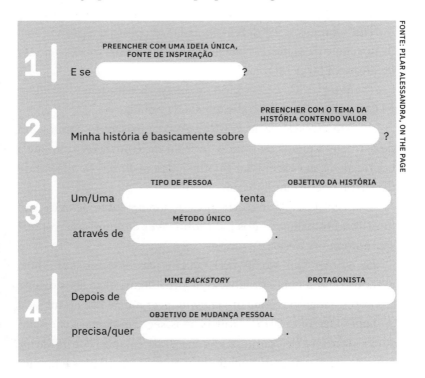

Depois desses exercícios, criadores lapidam uma frase final que vai vender e definir a série, o *logline*. Por exemplo:

Chernobyl (2019): A investigação sobre a explosão na usina nuclear de Tchernóbil, na União das Repúblicas Socialistas Soviéticas, uma das piores catástrofes já causadas pelo homem, revela que a burocracia pode ter sido a causa.

The Twilight Zone (1959): Pessoas comuns passam por situações extraordinárias, que cada uma tenta resolver de uma maneira surpreendente.

Friends (1994): A vida pessoal e profissional de seis amigos solteiros de vinte e poucos anos vivendo juntos em Manhattan como uma família.

The Sopranos (1999): A atribulada vida pessoal e profissional de um chefe da máfia de New Jersey mexe com sua cabeça a ponto de levá-lo a fazer terapia.

The Wire (2002): O cenário de drogas da decadente Baltimore é visto pelos olhos dos traficantes e da polícia.

Arrested Development (2003): Após a prisão do pai por um desastroso esquema de fraude de segurança, um jovem assume a liderança de sua excêntrica família e dos negócios familiares de desenvolvimento imobiliário.

Lost (2004): Os sobreviventes de um acidente de avião são forçados a trabalhar juntos para sobreviver em uma ilha tropical aparentemente deserta.

How I Met Your Mother (2005): Um pai conta aos seus filhos, usando como recurso flashbacks, a jornada que ele e seus quatro melhores amigos viveram até ele conhecer a mãe das crianças.

Supernatural (2005): Dois irmãos seguem os passos do pai como caçadores de criaturas sobrenaturais, lutando contra vários tipos de seres malignos, incluindo monstros, demônios e fantasmas que caminham pela Terra.

30 Rock (2006): A socialmente inapta escritora-chefe de um programa de comédia precisa lidar com um novo chefe arrogante e um superstar pirado, ao mesmo tempo que tenta comandar um programa de televisão de sucesso sem perder a cabeça.

Breaking Bad (2008): Ao descobrir que está com câncer, um pacato professor de química decide prover para sua família, se tornando o maior fabricante americano de metanfetamina.

Modern Family (2009): Três famílias diferentes, mas relacionadas entre si, enfrentam os desafios e sofrimentos cotidianos de um jeito próprio, enquanto filmam um documentário sobre suas vidas.

The Walking Dead (2010): Após um apocalipse zumbi, um grupo de sobreviventes liderados por um policial viaja em busca de um local seguro para viver. No entanto, seus conflitos interpessoais são um perigo maior para a sua sobrevivência do que os zumbis que vagueiam pelo país.

Game of Thrones (2011): Depois da morte do rei, nove famílias nobres lutam pelo controle de Westeros ao mesmo tempo que um antigo inimigo retorna depois de estar adormecido por milhares de anos.

Black Mirror (2011): Antologia que explora um mundo distorcido e de alta tecnologia, em que as maiores inovações da humanidade e seus instintos mais sombrios entram em colisão.

Elementary (2012): Uma versão moderna dos casos de Sherlock Holmes, agora com o detetive vivendo em Nova York e dividindo a casa com a dra. Joan Watson, inicialmente sua assistente de sobriedade.

Hannibal (2013): Suspense que explora a relação precoce entre o renomado psiquiatra dr. Hannibal Lecter e seu paciente, um jovem agente do FBI, Will Graham, que é assombrado por sua capacidade de empatia com assassinos em série.

House of Cards (2013): Um político sem escrúpulos chantageia, seduz e, se for preciso, mata para chegar à Casa Branca.

How to Get Away with Murder (2014): Thriller jurídico sobre um grupo de estudantes de direito e sua brilhante e misteriosa professora de defesa, que se envolvem em um assassinato que vai abalar a universidade e a vida de todo o grupo.

Narcos (2015): As façanhas criminosas do traficante colombiano Pablo Escobar e dos muitos chefões de drogas que atormentaram o país ao longo dos anos.

The Good Place (2016): Quatro pessoas lutam contra os inimigos que encontram na vida após a morte para definir o que significa ser bom.

Stranger Things (2016): Quando um menino desaparece, sua mãe, um xerife e seus amigos precisam confrontar forças aterrorizantes para trazê-lo de volta.

Westworld (2016): A série se situa entre um futuro próximo e um passado recriado como um parque de diversões, onde as vontades humanas podem ser satisfeitas sem consequências.

The Handmaid's Tale (2017): Situada em um futuro distópico no qual poucos bebês nascem, uma mulher é forçada a viver como aia reprodutora numa ditadura teocrática fundamentalista.

Big Little Lies (2017): A vida aparentemente perfeita de um grupo de mães de classe alta em uma pitoresca cidade litorânea californiana, cujos filhos estudam numa escola de prestígio, é abalada pelo assassinato de um marido abusivo.

La Casa de Papel (2017): Um grupo de ladrões bastante peculiar assalta a Casa da Moeda, no roubo mais perfeito na história da Espanha, e leva para casa 2,4 bilhões de euros.

Sharp Objects (2018): Uma repórter que se automutila confronta os demônios psicológicos do seu passado e de sua família ao retornar a sua cidade natal para cobrir assassinatos de crianças.

The Boys (2019): Um grupo de vigilantes tenta derrotar super-heróis corruptos que abusam dos superpoderes.

Euphoria (2019): Um grupo de estudantes do ensino médio lida com trauma, amor e amizade enquanto navega por questões relacionadas a drogas, sexo e violência.

Defending Jacob (2020): A família Barber é obrigada a lidar com as consequências de ter o filho adolescente acusado de assassinato.

Love Life (2020): Antologia sobre como as relações amorosas definem sua vida. Na primeira temporada, Darby Parker é uma jovem buscando o amor entre seus vinte e trinta anos, geralmente nos lugares errados.

Séries brasileiras

Mandrake (2005): Mandrake é um advogado carioca malandro, cujo trabalho consiste em ajudar pessoas ricas que estão passando por dificuldades financeiras a darem a volta nos problemas, usando para isso chantagem ou métodos questionáveis.

Filhos do Carnaval (2006): Conta a história de Anésio Gebara, o líder de uma ampla rede de jogo do bicho, e de seus quatro filhos, que tomam caminhos diferentes para ocupar um lugar significativo na vida do pai.

Força-tarefa (2009): Foca no dia a dia da Corregedoria da Polícia Militar do Rio de Janeiro, órgão que investiga crimes cometidos pela própria polícia.

(fdp) (2012): O juiz de futebol Juarez Gomes da Silva é um homem apaixonado pelo esporte favorito do Brasil e foi designado para apitar a Copa Libertadores, mas o que ele quer mesmo é apitar a final da Copa do Mundo.

O negócio (2013): Karin, Magali e Luna são três garotas de programa que decidem aplicar alguns conhecimentos de marketing na profissão mais antiga do mundo.

Psi (2014): Narra as aventuras de Carlo Antonini, um psiquiatra, psicólogo e psicanalista moderadamente patológico e altamente intervencionista, tanto dentro como fora do escritório.

Lili, a ex (2014): A ex-mulher neurótica se muda para o apartamento ao lado da casa do ex-marido para atazanar a vida dele.

3% (2016): Num mundo dividido entre o progresso e a devastação, apenas 3% das pessoas conseguem ir para o "lado melhor".

Sob pressão (2017): O cotidiano heroico de uma unidade médica de emergência de um hospital sem recursos.

Carcereiros (2017): Adriano é um carcereiro que tem de suportar as dificuldades da vida em encarceramento: a sua própria e as vidas dos prisioneiros.

Coisa mais linda (2019): Após o desaparecimento de seu marido, Maria Luiza abre um clube de Bossa Nova no Rio de Janeiro, desafiando seu comportamento em geral conservador.

Sintonia (2019): Três adolescentes vivendo na mesma favela de São Paulo perseguem seus sonhos e mantêm a amizade em meio a um mundo de música, drogas e religião.

Pico da Neblina (2019): Biriba é um traficante de drogas que deixa seu passado criminoso para trás e usa seu conhecimento para vender o produto de maneira legal, junto com a ajuda de seu inexperiente parceiro de investimento, Vini.

Desalma (2020): Em 1988, a morte de uma jovem choca a população de Brígida, pequena cidade do Sul do Brasil, e a tradicional festa pagã Ivana Kupala, onde tudo aconteceu, é banida do calendário. Trinta anos depois, a comunidade de colonização ucraniana decide que está na hora de deixar os traumas para trás e retomar a celebração. Mas coisas inexplicáveis começam a acontecer.

Bom dia, Verônica (2020): Depois de testemunhar um suicídio, uma discreta escrivã da polícia civil decide investigar sozinha dois casos negligenciados, ambos envolvendo abuso de mulheres.

UNIVERSO

O personagem precisa estar num meio em que vai agir e inte-
ragir: uma família (*Downton Abbey*, *The Crown*, *Sex Education*),
um grupo de amigos (*The Big Bang Theory*, *Friends*, *Seinfeld*,
Sillicon Valley), colegas de trabalho (*Veep*, *Mad Men*, *Newsroom*,
Barry), o mundo em que vivem (*Game of Thrones*, *Orange Is the
New Black*, *Vikings*, *Borgias*, *The Tudors*).

Duas estruturas criam o mundo do personagem principal: o
primeiro é o *setting*: onde a história se passa, o local, a data, a
geografia. A segunda é composta pelas *regras da sociedade* que
controlam os personagens: que leis e tradições e o que se pode
esperar daquela época. Se *Coisa mais linda* se passa no Rio de
Janeiro de 1950, é óbvio que Malu, personagem de Maria Casa-
devall, não vai falar no celular com as amigas. O mesmo vale para
o fantástico mundo de Obi Wan Kenobi, personagem de Ewan
McGregor em *Star Wars*. Ou seja, fica estabelecido um universo físico, uma determinada sociedade e regras específicas para
aqueles personagens interagirem. E quanto mais drama, melhor.

Qual dinâmica entre o grupo é capaz de gerar embates? O
personagem protagonista será aquele enfrentando o maior número de conflitos, lembrando que quanto mais simples, melhor.

Alguns exemplos de universos:

Em *Brooklyn Nine-Nine*, um grupo de detetives com as personalidades mais diversas resolvem casos e formam uma família.

Em *Orange Is the New Black*, Piper Chapman, uma jovem de
classe média-alta, tem que aprender as regras da prisão e lidar
com as outras presas depois de ir para a cadeia por um crime que
cometeu no passado.

Em *Stranger Things*, um grupo de pré-adolescentes e um policial frustrado descobrem uma realidade assustadora quando uma garota com poderes telepáticos aparece em sua pacata cidade do interior.

Em *The Handmaid's Tale*, June Osborne é capturada e escravizada na distópica Gilead, uma sociedade na qual mulheres férteis são obrigadas a servir casais importantes como meras reprodutoras.

Em *American Gods*, Shadow Moon descobre que diversos deuses das mais variadas religiões não apenas caminham pela face da Terra como também estão em pé de guerra com os deuses modernos.

Em *Westworld*, a tecnologia se desenvolveu a tal ponto que robôs são mais humanos que as próprias pessoas.

Em *Pico da Neblina*, o ex-traficante Biriba vive em um Brasil no qual a venda de maconha foi liberada e ele precisa se adaptar à nova legalidade de seu produto.

Em *Sintonia*, os três personagens principais vivem a realidade das favelas de São Paulo, cercados de ícones do funk, líderes evangélicos e traficantes de drogas.

Em *Outlander*, a enfermeira Claire Randall, que serviu o Exército inglês na Segunda Guerra Mundial, viaja no tempo até 1743 e chega aos levantes jacobitas, nas montanhas da Escócia. Lá ela encontra o jovem Jamie Frasier, os dois se casam e a vida os leva para a França, o Caribe e depois a América de 1760.

TRAMAS (PLOTS)

A evolução mais significativa na criação de séries de televisão aconteceu quando a narrativa passou a usar mais de uma trama por episódio, dando ao espectador a possibilidade de seguir a que mais se identificasse, a mais intrincada, a mais emocional ou a mais engraçada. Se até *Chumbo grosso*, de Steve Bochco e Michael Kozoll, havia apenas uma história para ser seguida, depois dela, em 1981, tudo mudou.

Chumbo grosso era um drama social, uma série de procedimento policial, uma tragédia e uma comédia dramática com diversos protagonistas — tudo isso ao mesmo tempo. Mais importante ainda, era a primeira vez que um *cop show* [programa policial] criava uma conexão emocional com o personagem, porque além da tradicional figura do policial vivendo a trama de ação, acompanhávamos também a sua vida mundana como cidadão.

Quarenta anos depois, essa estrutura *multiplot* é a mais comum, com três ou quatro tramas por episódio. Só não são tramas inteiramente isoladas, a história continua tendo seu propósito e os personagens estão a serviço do tema principal. Mas também não tem regra: no décimo episódio de *Boardwalk Empire*, por exemplo, há sete tramas acontecendo simultaneamente. No primeiro episódio de *The Sopranos*, há nove.

O jeito mais fácil de se construir um episódio é dar a ele um tema único, que serve como motivação para os personagens, e depois construir duas ou três tramas a partir daí. Tanto em dramas quanto em comédias, essas tramas envolvem um valor, e todos os personagens vão reagir àquele tema da sua forma, seguindo a sua individualidade.

O episódio "Connection Lost", o 16º da sexta temporada de *Modern Family*, é antológico, temático, hilário, e uma referência para qualquer roteirista. O tema é a relação com a tecnologia, e para tratar do assunto foi todo filmado com um iPhone e dirigido pelo cocriador da série, Steve Levitan. O episódio jamais sai da tela de computador de Claire (Julie Bowen), que interage digitalmente com todos os outros personagens. Ela está presa no aeroporto e procura pela filha Hailey (Sarah Hyland), com quem teve uma briga antes de sair de casa. Claire fala com todos via FaceTime ou Facebook Messenger, uns falam com os outros, eles se desentendem, ninguém sabe de Hailey e a confusão prolifera. É simétrico e simplesmente incrível.

EXPOSIÇÃO

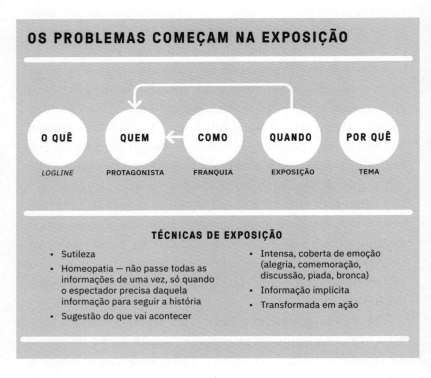

Ah, a exposição... A maioria dos roteiristas acha que é fundamental explicar e mastigar a informação com o argumento, "senão o público não vai entender". Ora, o público não é burro e está acostumado a ver televisão há muitos anos. A "exposição" é apenas uma ferramenta para passar a informação que é *crucial* para a compreensão da história. As duas grandes questões para o autor são "quando" passar essa informação, e "quanto" dela deve ser passado.

Os problemas do início de uma série, principalmente no primeiro episódio, acontecem porque os roteiristas se perdem contextualizando a história, ou listando todos os personagens, ou descrevendo cada personagem — seu passado e sua motivação —, partindo do princípio de que tudo precisa ser apresentado na primeira meia hora e deixando o grande disparador da história para o fim do episódio. Isso é um erro e torna a história muito chata. O piloto, ou o primeiro episódio, é a grande chance de conquistar a audiência, e todo minuto é precioso.

Exposição não é didatismo. Explicações em excesso vão exigir palavras demais, a ação vai ficar em segundo plano e os personagens vão ser escravos do texto. A exposição contextualiza a história e precisa ser feita de modo sutil, homeopático — nem tudo precisa ser exposto de uma vez. Vamos dar ao espectador a informação quando ela for necessária. Algumas técnicas de exposição incluem a sutileza ou a "homeopatia", isto é, o espectador recebe a informação aos pouquinhos e apenas quando realmente precisa saber.

Outra técnica de exposição é um diálogo que sugere o que vai acontecer, como o de Nick (Michael Douglas) e Katherine (Sharon Stone) em *Instinto selvagem*, mostrando um presságio:

— Sobre o que é seu livro?

— Um detetive, que se apaixona pela mulher errada.

— E o que acontece com ele?

— Ela o mata.

Uma exposição bem-feita é coberta de emoção: uma comemoração, uma piada engraçada, uma notícia feliz ou uma briga. Uma discussão via mensagem eletrônica serve para mostrar que

Charlie, de *Two and a Half Men*, é mulherengo. Logo no começo do primeiro episódio, Charlie está no quarto com Laura, que mostra uma nova peça de lingerie para os dois se divertirem. Enquanto ela vai ao banheiro se trocar, Charlie liga a secretária eletrônica e ouve uma mensagem furiosa de Rose:

— Escuta aqui, seu cretino FDP, eu não vou ser tratada assim! Ou você me liga ou vai se arrepender!

Laura grita do banheiro:

— Quem é no telefone?

— Maldito telemarketing!

Outro exemplo é a genial "confissão" de Walter White para a câmera, como se fosse uma mensagem para a mulher: "Meu nome é Walter White e isso não é uma admissão de culpa".

Uma maneira de fazer exposição inteligente é usar um subtexto, com informação implícita, como Julia Roberts faz em *Erin Brockovich*, deixando a entender que vai usar seu corpo para conseguir o que quer:

— O que faz você acreditar que vai conseguir o que quer só na lábia?

— Peitos, Ed, peitos.

O mais comum é transformar a exposição em ação através da apresentação de um personagem, fazendo com que seja o primeiro dia dele em algum lugar — um personagem que sabe tanto quanto o espectador e está entrando no universo da história (*"eyes in"*).

Alguns exemplos?

The Big Bang Theory: Penny muda para o apartamento ao lado de Sheldon e Leonard.

Two and a Half Men: Alan se muda para a casa de Charlie.

Modern Family: Cam e Mitch levam Lily para casa para conhecer a família.

New Girl: Jess muda para o apartamento de Schmidt e Nick.

Friends: Rachel muda para o apartamento de Monica.

About a Boy: Marcus e Fiona mudam para San Francisco.

Lili, a ex: Lili se muda para o apartamento ao lado de onde mora seu ex-marido.

Girls: Jessa volta para Nova York.

Ozark: A família Byrde se muda para as montanhas Ozarks.

Transparent: Tammy e Sarah se encontram depois de anos.

The Sopranos: Tony Soprano começa a fazer terapia.

Pose: Blanca cria sua própria casa e Damon chega a Nova York.

Big Little Lies: Jane é nova na cidade, é o primeiro dia de aula.

Mad Men: É o primeiro dia de Peggy no trabalho.

Orange Is the New Black: Primeiro dia de Piper na prisão.

Brooklyn Nine-Nine: Primeiro dia de trabalho do novo chefe.

How to Get Away with Murder: Primeira aula da Annalise Keating.

Scandal: Primeiro dia de Quinn.

Grey's Anatomy: Primeiro dia de residência.

2 Broke Girls: Primeiro dia de Caroline.

Newsroom: Primeiro dia de Mac.

30 Rock: Primeiro dia de Jack, chefe de Liz.

BÍBLIA

No Brasil, a bíblia é o book de apresentação para produtores e canais, resultado do primeiro investimento em desenvolvimento. Nos Estados Unidos, é o documento que serve de apoio para toda a equipe durante as filmagens, e para que novos diretores e roteiristas que entrarem nas temporadas seguintes possam acompanhar o formato original da série.

Produtores brasileiros têm o hábito de criar bíblias decoradíssimas, cheias de fotos, referências e citações; com raras exceções, nada disso importa. A bíblia em si não tem muita importância para a criação da série. Ela existe com dois propósitos: é uma peça de venda que a produtora mostra para o canal para demonstrar que ela sabe para onde a série está indo e que existe uma visão do todo; e é um documento que serve de guia para aqueles que são novos na equipe e que vai sendo atualizado ao longo da série. Assim, a bíblia deve ter cerca de dez páginas e conter:

- Uma página com o *logline* e a sinopse da série;
- Meia página com a ambientação e o universo da série;
- Um parágrafo para cada personagem principal (que quando a série for vendida pode virar uma página completa por personagem em uma bíblia de referência);
- De quatro a oito páginas com o argumento do piloto;
- Meia página com a sinopse da primeira temporada e uma ideia geral para as temporadas seguintes.

Quanto menos páginas, melhor. Nos Estados Unidos, é convenção usar a fonte Courier 12, a mesmo usada em roteiros.

4. Desenvolvimento

A SÉRIE TOMA FORMA

"Se eu tiver seis horas para derrubar uma árvore, ficarei quatro horas afiando o machado."

Essa frase ilustra bem o processo de desenvolvimento. É de Abraham Lincoln, abolidor da escravatura nos Estados Unidos, e pode ser interpretada como persistência, preparação... e desenvolvimento de séries! O desenvolvimento exige tempo para se conhecer cada personagem a fundo, para definir seus dilemas e decidir quando e como vão acontecer os *beats* da temporada.

Uma vez que o tema está claro, a franquia foi estabelecida e os personagens foram construídos, o passo seguinte é povoar o mundo do protagonista com outros personagens relacionados ao tema. O protagonista é o que tem mais dimensões, que sofre o conflito principal e tem a possibilidade de se transformar internamente. Quanto menor o seu mundinho, melhor, fica mais fácil a compreensão da história e mais eficaz de produzir. Por exemplo, certos grupos sempre têm um conflito dramático, como uma família, um local de trabalho, um grupo de amigos, vizinhos

POVOANDO O MUNDO DO PROTAGONISTA

O CAST

O protagonista vive o conflito principal e é quem mais se transforma.
O ambiente precisa ser reduzido, pequeno, próximo:

| FAMÍLIA | TRABALHO | VIZINHANÇA |

Todo personagem tem **PROPÓSITO**. Protagonista pode inspirar a criação dos outros à sua volta, suas relações ajudam a delinear sua natureza complexa

| HERÓI | ANTAGONISTA | OBSTÁCULO |

| EMOÇÃO | LÓGICA | INTERLOCUTOR/A |

Todo personagem tem relação com o *STORYLINE*, todo personagem tem função dramática e a todo personagem se atribui um valor.

de rua, de prédio ou de castelo, um grupo de teatro, alunos de uma escola etc.

Todo personagem serve a algum propósito dramático. O supercrítico vai dizer que "este personagem não serve pra nada!". Serve, sim. Terry Winter, criador de *Boardwalk Empire* e roteirista de *The Sopranos*, reclamava da crítica, dizendo que não tinham paciência. "Algo acontece num episódio que se resolve em outro bem mais na frente, e que vocês ainda não sabem. Eles reclamavam que a cena não tinha por quê ou perguntavam 'o que esse cara tá fazendo aí?'. E eu respondia que eles precisavam ter paciência, a gente sabe o que está fazendo".

Um personagem secundário pode existir só para revelar alguma característica de outro personagem ou alguma camada do protagonista — como a maioria das pessoas que estavam em volta de Tony Soprano: Richie Aprile, Ralphie, Janice, Gloria Trillo...

Numa série de TV, todos os personagens podem e devem ser criados em profundidade. Mesmo se forem pouco relevantes numa temporada, eles podem ser cruciais em temporadas futuras. *Scandal* fez isso de maneira magistral diversas vezes. Olivia Pope (Kerry Washington) foi sequestrada na quarta temporada, resolveu fazer jogo duplo com os sequestradores e acabou entrando numa enrascada sem saída, até que seu braço direito na primeira temporada, Stephen Finch (Henry Ian Cusick), surgiu para salvar o dia.

TODOS EM CONEXÃO ENTRE SI E COM O TEMA

No elenco, todos os personagens têm uma função dramática para existir. E são criados a partir de sua relação com o tema da série. Em *Mad Men*, todos os personagens refletiam a busca da identidade: Don, Peggy, Betty, Joan, Pete, Megan, Salvatore. Não em relação a Don, mas ao tema.

Em *Breaking Bad*, Walter White é a principal representação do tema ao virar Heisenberg. Todos os personagens se relacionam com o bem se transformando em mal. Não só em relação ao protagonista, mas também ao tema. Em volta dele, há os que vão dificultar essa transformação com seu vínculo emocional com o protagonista e os que vão facilitar com uma conexão racional com a premissa: a esposa (Skyler), o cunhado policial (Hank), o sócio (Jesse), o advogado pilantra (Saul).

Em *Modern Family*, o tema é o amor da família — e todos os personagens vão se relacionar com isso, seja de forma facilitadora ou inibidora.

O mesmo acontece em *Succession*, em *Game of Thrones*, em *Better Call Saul*, em *Veep*, em *Sex Education*, em *Dead to Me*. Uma vez que o tema está claro, o universo é povoado com personagens relacionados a ele.

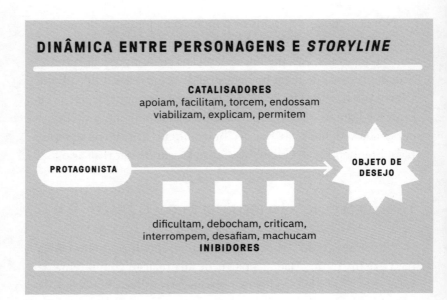

Uma dica para facilitar o processo de criação é garantir o conflito entre personagens, criando opostos ou extremos. Vamos pegar como exemplo *Sex and the City*. Num elenco com quatro mulheres, uma é introvertida e a outra é extrovertida; uma é racional e a outra é sensível; uma é idealista e a outra é pragmática; enquanto uma é uma ninfomaníaca, a outra é "comportada" e romântica. Não são uma coincidência os opostos da série *Girls*, que se colocam exatamente como os de *Sex and the City*. Mas todas têm uma atitude diferente em relação a algum assunto, têm diferentes objetos de desejo.

O autor também pode opor o personagem com o meio ambiente, como na franquia *Tubarão*, nos filmes de catástrofe como *Terremoto*, no filme *O náufrago* e nas séries *The Walking Dead*, *The Strain*, *Lost* e *Orange Is the New Black*.

ARCO

Mais um tópico mandatório de livros e cursos sobre roteiro é o arco dramático. Em seu clássico *The Art of Dramatic Writing*, publicado pela primeira vez em 1942, Lajos Egri afirma com primor: "Qualquer personagem, em qualquer tipo de literatura, que não sofre mudança é um personagem mal desenhado". Seu exemplo principal é Nora Helmer, a protagonista da peça *Casa de bonecas*, de Henrik Ibsen, que começa como uma dona de casa superficial e mimada e termina como uma mulher madura e rebelde.

Assim também foram os arcos de Ted Kramer, Hamlet, Daenerys Targaryen, Clay Jensen, Meredith Grey, Jimmy McGill e Walter White. Todo personagem tem invariavelmente seu arco de transformação.

O arco de uma história ou de um personagem significa que alguma coisa vai mudar. A vida é assim. O personagem vai de um ponto para outro interna ou externamente, a situação vai de um ponto para outro e algo se transforma. O personagem evolui, mesmo que apenas internamente, a cena se modifica, o valor muda do começo para o fim da cena. Os arcos acontecem em todas as cenas, sequências, blocos, episódios e temporadas.

Em séries de procedimento, quem conduz a história é a trama: coisas acontecem com os personagens. Eventos ocorrem e os personagens reagem. O arco da história está na trama: há um corpo assassinado, o assassino vai preso; há um doente e o "bom doutor" o cura (e, pela curiosidade, mantemos o interesse de quem assiste). Mas, hoje, na maioria das séries a história é conduzida pelo personagem, e o autor segura a atenção do espectador pela empatia. O objetivo do storytelling é sempre colocar o personagem em situações que vão provocar uma escolha, um dilema, que faz com que ele vá de um ponto a outro e acabe revelando alguma coisa de si próprio.

As duas colunas do quadro da p. 169 são equivalentes e representam arcos possíveis de uma história, seja por tramas ou por personagem. A coluna da direita é a maneira como Robert McKee faz, categorizando a mudança de valores e enumerando seis tipos de enredos que ilustram a transformação interior do personagem principal: mudanças emocionais (de amadurecimento, recuperação ou crescimento pessoal), racionais (de compreensão ou desilusão diante do mundo) ou morais (de redenção ou deterioração).

Como controlar esses arcos na hora da criação? Usando tabelas desenhadas em quadros brancos. Essa é uma prática comum em salas de roteiro. Um dos quadros serve para o grupo definir e controlar a temporada, outro para controlar o episódio. Pode haver um terceiro para os personagens. As boas ideias que não entram no episódio ficam guardadas para eventualmente entrarem no quadro.

Na ilustração da p. 170, o quadro da esquerda é o que se faz primeiro. Depois de discutir bastante os grandes *plot points* da história, o grupo de autores decide em que episódio eles precisam entrar, montando assim a temporada. Isso é feito dividindo o quadro branco no número de episódios da temporada e de tramas que cada episódio vai ter. Depois, parte-se para o segundo quadro, que deve ser dividido no número de atos que os autores quiserem.

Na TV aberta, os breaks comerciais estipulam os atos — cada final de ato coincide com o break comercial. Mas no streaming e nos canais pagos sem comerciais, os atos são determinados pelos grandes pontos de virada da história.

O quadro do episódio (o da direita) nada mais é do que a escaleta.

COMO CONDUZIR A HISTÓRIA?

TRAMA OU PERSONAGEM?

RELACIONAMENTOS	AMADURECIMENTO VIDA EMOCIONAL MUDA
Amor e suas formas: paixão, amizade, atração fatal, amor pelos animais, amor perdido, rejeição, morte, crises de idade.	Tramas de Evolução: fraqueza para a força Tramas de Recuperação Crescimento Pessoal Devolução: força para a fraqueza
HUMANIDADE EM PERIGO	**INTELECTUAL** JEITO DE PENSAR MUDA
Bem e mal, preconceito, conspiração, obsessão, vingança, guerra, injustiça.	Tramas de educação (positivo) Tramas de desilusão (negativo)
SEPARAÇÃO/REUNIÃO	**MORAL** MUDAM VALORES
Necessidade de calor, proximidade, segurança, aceitação, união e força.	Tramas de redenção (mal para bem) Tramas de deterioração (bem para mal)

Enfim, o grande segredo de uma boa série.

A estrutura clássica de um episódio é criar três, quatro tramas simultâneas: histórias A, B, C e D. Na hora de montar o episódio, é só trançar essas tramas.

Trama A é a principal, que tem mais beats, indica uma ação concreta e em geral se resolve naquele mesmo episódio. É o caso ou o paciente do dia, o dia do casamento ou da viagem, o dia da campanha da mala ou aquele em que Jesse e Walt ficaram presos no laboratório. É a trama externa ao personagem, tangível, executável. Em The Americans, é a missão do dia que vai se resolver naquele episódio. A trama A faz o arco do episódio evoluir em todos os atos e se resolve até o fim. É o dia em que Ross viu

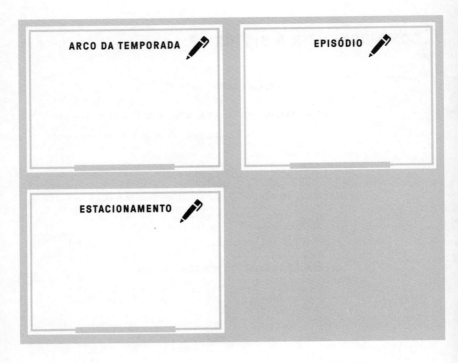

Joey e Rachel. Ou o dia em que toda a família Roy foi para os Hamptons discutir a sucessão.

Trama B tem um número menor de *beats*, mas é nela que se exploram as relações emocionais. É a trama que mostra a evolução do personagem ou sua motivação interna. Jesse e sua relação com Jane, com as crianças, com a mãe e com o próprio Walter White. É a trama de Don e Betty, de Don e Meghan e de Don e Peggy. A trama B é muito mais importante que a trama A porque é a que faz o espectador sentir alguma coisa. É a trama de Tony e da dra. Melfi. É a trama de Randall Pearson e do seu pai biológico na primeira temporada de *This Is Us* (mas é uma trama A no episódio que eles fazem uma viagem para Memphis, quando o episódio lidou só com essa história).

ADMINISTRANDO VÁRIAS TRAMAS

ARCO DA TEMPORADA				
	101	102	103	104	105
A	TONY & DR. MELFI	CARM.			
B	CARM.	TONY & DR. MELFI			
C	LIVIA		TONY & DR. MELFI		
D	PATOS				

ARCO DO EPISÓDIO					
I	T&M	PATOS	CARM.	CHRIS	T&M	PUSSY E PAULIE
II	T&M	CHRIS	LIVIA	CARM.	VESUVIO
III	CARM.				
IV					
V	LIVIA				

Sala de roteiro de Mad Men, recriada pelo Museum of the Moving Image (Nova York, EUA)

Tramas C e D podem servir como tramas mais curtas, de alívio cômico ou recorrentes, aparecendo só de vez em quando, como Carrie e Mr. Big de *Sex and the City*.

Há séries com muito mais tramas, claro, como *Orange Is the New Black* e *Game of Thrones*, com suas hordas de personagens. Há séries que focam apenas na trama A, como *Jane the Virgin* e *Better Call Saul*. Essas divisões não são regras, mas convenções que se provaram bem-sucedidas. E uma vez que o público se acostumou a ver séries assim, podemos usar esses truques a nosso favor, certo?

ADMINISTRANDO VÁRIAS TRAMAS

ESTRUTURA CLÁSSICA

TRAMA A	TRAMA B	TRAMA C
Tudo que é externo ao personagem, tem ações tangíveis, executáveis, a resolução do caso no episódio. **7-8 BEATS**	Como o personagem encara o problema internamente, suas emoções (o que nos atrai). Adiciona à premissa. **5-6 BEATS**	Alívio cômico. **2-4 BEATS**

ESCALETA

Se um quadro controla o arco da temporada, a escaleta é o que faz você controlar os arcos do episódio e o roteiro. É a lista de cenas do roteiro, um esqueleto. É muito importante no processo criativo, porque ali a estrutura é analisada sem a necessidade de ações detalhadas e diálogos.

- No processo americano, primeiro se faz um *beat sheet* que lista apenas a ação primordial da cena, que move a história adiante, os *plot points*.

ADMINISTRANDO O ARCO DO PERSONAGEM

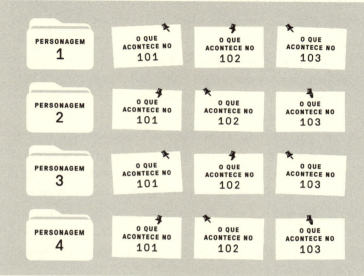

ADMINISTRANDO A HISTÓRIA

✓ **APRESENTE PERSONAGENS AOS POUCOS.**
Colocar centenas de pessoas no piloto não vai funcionar.

✓ **PERSONAGENS QUE MAIS CAUSAM EMPATIA SÃO OS MAIS MEMORÁVEIS.**
Mantenha a personalidade do personagem até o fim,
não o deixe à mercê de uma trama.

✓ **COMO UM PERSONAGEM É RELEVANTE A OUTRO?**
Assim a ação de um sempre terá o outro envolvido.

✓ **IDEIA GOVERNANTE CRIA UM LINK ENTRE PERSONAGENS.**
Ação de um pode ser oposta/complementar/alternativa a outro. E todos se
encontram no final.

✓ **SÓ CRIE UMA TRAMA ADICIONAL SE FOR NECESSÁRIO:** à história ou ao
ritmo (geralmente é).

✓ Tenha três **QUADROS BRANCOS** numa **SALA** e **FICHAS** de cada personagem.

- Depois se cria a escaleta propriamente dita, o *outline*, uma lista contendo o cabeçalho, o objetivo da cena, a ação principal e algum resultado emocional ou concreto. Se alguém quer saber do que trata a história, pode ler apenas essas páginas, porque as cenas estarão brevemente descritas lá, e a história vai fazer sentido. Roteiristas não devem usar escaletas longuíssimas com a história inteira proseada porque perdem a mobilidade na hora de montar o episódio.

- É com a escaleta que o autor pode dar mais camadas às cenas, encontrando novos objetivos e sabendo onde vai usar subtexto. O roteirista amadurece o episódio escrevendo e revisando a escaleta. Consegue prever dificuldades e diminuir problemas posteriores. É ela que vai revelar se o episódio está tedioso, se tem ritmo, se é repetitivo, quais são os pontos de virada, os atos, os ganchos, se é conservador ou arriscado, se o roteirista está levando muito tempo para contar a história.

- Cada cena listada na escaleta tem a mesma numeração que estará no roteiro. Não se escreve o diálogo na escaleta, só uma indicação indireta, uma espécie de "supermicrossinopse".

- Se uma cena pode ser retirada da escaleta sem que o episódio perca em compreensão, ela pode ser descartada.

- Elaboram-se os ganchos: a cena deve estar completa, mas se relacionar com as seguintes.

Como o episódio só funciona se engajar o espectador, o trabalho preparatório da escaleta economiza tempo, trabalho, energia e papel para a elaboração de um roteiro. Ou seja, com uma boa escaleta, escrever o roteiro se torna um passo muito mais fácil e natural.

CENA

Cenas só existem por três razões:

1) estabelecer a situação/passar informação.

2) visuais ou ilustrativas (ou "cena uau"): depois de uma situação de conflito, você precisa de um relax, como em *ET*, quando o cesto da bike passa na frente da Lua. Para despertar curiosidade, a cena atrai o olhar: uma calça voa contra o céu azul limpíssimo no primeiro episódio de *Breaking Bad*.

3) dramáticas: ação que gera um conflito ou uma promessa de conflito.

Conflito: alguém quer muito alguma coisa, mas não consegue atingir seu objetivo.

O que caracteriza uma cena dramática? O personagem quer alguma coisa — todo personagem quer alguma coisa —: isso provoca a ação, que é o artifício que o roteirista usa para criar uma cena. E, ao fim da cena, o personagem precisa ter mudado de valor.

Toda cena tem um propósito, e o roteirista precisa ter uma intenção emocional com cada cena. Um roteiro é como um castelo de cartas: se você tirar uma carta e "o castelo" não ruir, isto é, o espectador continuar entendendo a história, significa que a cena não precisa existir.

Toda cena deve funcionar como uma *mini-história*, com princípio, meio e fim. E precisa ter um *beat*, um *plot point*.

O que é um *beat*? A palavra tem origem em *heart beat*, uma pulsada do coração. É o menor elemento da cena e representa a ação primordial que constrói a narrativa. Para os atores, é a mudança de comportamento que resulta do intercâmbio de ação e reação.

Cenas com ironia dramática são fundamentais, que é quando o espectador sabe algo que o personagem não sabe, pois ele não vê o que estamos vendo. Por exemplo, uma mulher diz: "Vou te contar um segredo", porém só o espectador sabe que tem alguém ouvindo atrás da porta.

Uma boa cena sempre revela alguma coisa a mais sobre o personagem. Quando uma cena tem muito blá-blá-blá, o roteirista não está pensando no personagem, mas no texto.

PONTO DE VIRADA

Um elemento fundamental na construção de uma série, de um episódio ou de uma cena é o ponto em que há uma mudança de valor. Numa cena isso é mais fácil de notar: ela começa com um valor positivo e termina com um negativo. Em *Game of Thrones*, por exemplo, Oberyn Martell começa a cena em que luta com Gregor Clegane tranquilo, conversando com Tyrion Lannister, que comenta que ele podia ao menos ter usado um capacete. A cena termina com Clegane explodindo a cabeça de Martell. Ou seja, começou de um jeito, com um valor positivo, e terminou de outro, com um valor negativo.

O primeiro episódio de *Divorce* começa com a personagem de Sarah Jessica Parker, Frances, entediada com o casamento. Ela diz para o marido, Robert, que acha que o amor acabou e que quer o divórcio, deixando-o em choque. O episódio se desenrola, Robert, arrasado, insiste em dar ao casamento uma nova chance, e ela resiste. Até que o amante dela liga e fala com o marido. A partir daí, é ele quem quer o divórcio, inclusive impedindo Frances de entrar em casa.

Pontos de virada podem entrar em qualquer lugar e quantas vezes o autor quiser. Como numa cena de teaser, uma morte ou aparece um cadáver (*Six Feet Under*, *CSI* ou *Dexter*) ou ao final de cada cena, surpreendendo quem assiste (*Dead to Me*, *Sex Education*, *La Casa de Papel*).

Quando o ponto de virada acontece ao fim de algumas sequências, a história pode tomar um rumo completamente diferente. Isso significa que concluímos um ato. Esse momento tem invariavelmente um *gancho*, que vai manter o público, que investiu na história até aqui, grudado na tela. É assim desde Aristóteles. "O que vai acontecer agora?", pergunta o espectador ansioso. O ladrão é descoberto e vai ser preso (ou será que vai escapar?); o pássaro cai do céu e se estatela na calçada da escola de Tchernóbil; o infiel é flagrado; o casal se reencontra; John Rayburn joga o corpo do irmão Danny e põe fogo no barco. Ganchos nos fazem esperar a cena seguinte.

Tecnicamente, a ordem dos elementos na construção de um episódio ou de uma série é a seguinte: começa com o *beat*, que é a ação primordial da cena, continua com um grupo de cenas que fazem a história avançar e termina num clímax, que chamamos de *sequência*. Quando as sequências chegam num ponto muito importante da história, em que algo se resolve ou a história toma outro rumo, significa que chegamos ao fim de um *ato*. É um ponto de virada da história.

A melhor maneira de sentir que a história está com ritmo e que tudo está entrando nos eixos é dar um título para cada sequência. Também é o primeiro passo para a revisão: cada sequência está atingindo seu objetivo?

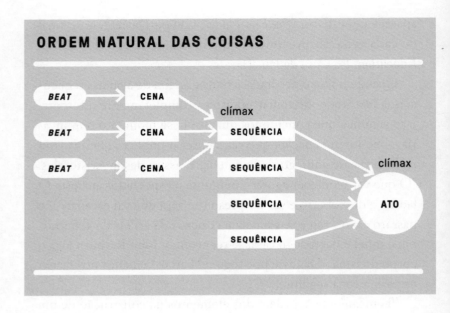

DIÁLOGO

Depois de pensar no *logline*, na franquia, nos episódios, nos personagens com camadas, nas cenas com *beats*, nas sequências, nas tramas A, B e C, quando tudo é dito, discutido, reavaliado, repensado, pesquisado e elaborado numa sala de roteiro, como explicar ao espectador do que a série está falando? O roteirista vai para casa e, com a escaleta em mãos, vai terminar seu roteiro adicionando diálogos, um dos elementos mais importantes na criação de uma série. Nenhuma palavra deve ser desperdiçada, e muito menos usada em excesso.

- O diálogo faz a história avançar.
- O diálogo comunica informação. Como símbolo, é a "técnica do pequeno", o fim do processo do roteiro, a menor unidade. A informação contida no diálogo precisa vir natu-

ralmente de dentro da ação. O autor usa o diálogo apenas como artifício.

- O diálogo revela de maneira sutil o perfil psicológico dos personagens, não apenas na sua maneira de falar, mas também na ausência de palavras.
- Muitas vezes os personagens dizem o contrário do que pensam, mentem, traem a si mesmos em sua maneira de falar ou revelam estados emocionais diferentes de suas palavras.
- Quando bem escrito, o diálogo entretém.
- O diálogo é como uma sinfonia, diz Aaron Sorkin, tem ritmo, cadência, tom e volume. Até mesmo no discurso de um político, o autor compõe uma sinfonia.

O professor Karl Iglesias classifica os tipos de diálogo da seguinte forma:

Diálogo narrativo: é a história contada. O que os personagens querem e como pensam. Utiliza-se o diálogo narrativo quando os personagens falam sobre a linha principal de ação.

Diálogo moral: trata dos valores defendidos pelo personagem. Não de acontecimentos, mas atitudes, gostos e aversões. Seus valores são a expressão profunda da maneira correta de viver que seu personagem defende. Isso gera oposição e conflito.

Palavras e frases-chave: expressões com potencial para reunir significados especiais e profundos, de maneira simbólica ou temática, que reforçam as premissas de seus personagens. São usadas técnicas como a repetição (efeito acumulativo), as frases de efeito (*"How ya doin'?"*, *"I am the scandal"*) ou bordões (*"Bazinga"*).

Diálogo estético: aproveita diálogos incompletos, naturalistas, sobrepostos e que ajudem a compor o tom da fala.

O bom diálogo provoca alguma reação emocional — no espectador ou em outro personagem. É vívido, chama atenção, salta da página. A exposição é sutil. O diálogo tem subtexto e não é didático.

Tem os diálogos de duplo sentido. Hannibal Lecter diz: "Eu gostaria de continuar conversando, mas tenho um jantar com um velho amigo". O brilhante monólogo de Laura Dern em *Marriage Story*, falando da injustiça social contra as mulheres: "José sequer ajudou a conceber Jesus. Foi uma concepção imaculada. E querem saber? Nem Deus compareceu". Ou contraste. *Frasier* diz que gosta da Maris como o sol, mas sem o calor.

Nas comédias, diálogos engraçados em geral envolvem uma surpresa, como as comparações, por exemplo:

— Tem alguma coisa errada com este iogurte.

— É maionese.

— Ah.

Ou o clássico do vaudeville: "Dá para me chamar um táxi?". E o outro responde: "Tá, você é um táxi".

Um autor faz diversos tratamentos de sua obra, a cada revisão elimina palavras. O dramaturgo e roteirista Eric Bogosian disse, certa vez, que, ao terminar um trabalho, faz uma última revisão. Tira todos os textos explicativos e substitui por subtextos. O entendido fica subentendido. Até os lapsos, ou atos falhos, revelam dados profundos — um conflito — sobre uma personalidade. Jung já dizia: é o poderoso e revelador inconsciente se manifestando.

O subtexto mostra quem é aquele personagem, como pensa, como sente. Se for explícito demais, vai passar em branco. É a maneira com que a gente fala na vida real quando existe algum risco emocional. Com alguma insegurança numa situação, a gente sempre vai usar subtexto. O ser humano poucas vezes diz exatamente o que pensa, certo? Assim deve ser o diálogo de uma série.

Quando um casal fala "a gente precisa conversar", você já sabe que a frase tem uma carga emocional grande, e que o "bicho pegou". Na paquera, existe o clássico "vamos tomar um café" ou "quer subir para um café?", que significa que depois do *date* a pessoa está a fim de continuar o encontro em casa. Outro exemplo é quando Saul Goodman (*Breaking Bad* e *Better Call Saul*) pergunta se não dá para mandar tal sujeito para Belize. Isso significa: não dá pra matar o cara? Aliás, o nome Saul Goodman, do advogado pilantra, já é uma tremenda ironia, pois é uma paronomásia de "*It's all good, man*" [Está tudo bem, cara]. Offred, de *The Handmaid's Tale*, pensa em subtexto em quase todos os seus pensamentos narrados no piloto. Enquanto caminha com Ofglen, ela pensa: "Caminhamos sempre em duplas. Dizem que é para nossa proteção. Besteira. A verdade é que estamos à espera de um sinal remoto de heresia. Somos espiãs uma da outra". Outro exemplo é a frase "*Winter is coming*", de *Game of Thrones*.

O subtexto envolve, faz com que o espectador participe. É matemático: $5 + x = 8$. A gente sabe o que é "x" porque é um subtexto. E nos leva imediatamente a fazer a soma, nos mantendo engajados na situação.

É quando a gente diferencia o roteirista profissional do amador.

No mais, atores precisam de subtexto. E amam. Pois assim conseguem expandir a atuação. Um ator não quer apenas dizer "estou triste, e é por isso que estou triste...". Ele quer demonstrar que está triste depois de desligar o telefone ou depois de ver a mãe no hospital.

Primeiro o roteirista precisa saber o que ele quer dizer exatamente. Depois, ele escreve tudo que vem à cabeça, páginas e páginas. No início, será um clichê — as primeiras coisas que saem da cabeça são em geral um clichê, porque são referências repetidas, frescas na memória. E, só então, ele reescreve com subtexto.

Outra boa opção é usar uma ação no lugar de um diálogo. Por exemplo: um sujeito convida uma mulher para jantar, mas ela é casada. Em vez de responder, a cena vai mostrar ela ligando para o marido e dizendo que não vai jantar em casa. Em *O Grande Gatsby*, F. Scott Fitzgerald brinca com subtexto para confrontar Daisy com as escolhas que fez na vida (casar-se com outro homem): em um esforço para impressioná-la com seu sucesso, Jay Gatsby faz um tour de seu armário, junto com seu amigo Nick. Lá pelas tantas, ele começa a jogar suas camisas caras num canto, uma depois da outra. Conforme a pilha cresce, a emoção de Daisy aumenta.

Ou então uma ação para demonstrar uma emoção. Em vez de dizer "estou nervosa", a mulher derruba a bolsa com tudo dentro. O personagem diz "Eu te odeio" e chora. Assim você sabe que ele está sentindo o oposto. Se o personagem diz "Eu te odeio" e sorri, você sabe que ele está com inveja. Eleven demonstra com um gesto (a arminha na cabeça) o que acontece com aqueles que a ajudam.

No filme *Gente como a gente*, de Robert Redford, a matriarca da família Beth (Mary Tyler Moore) é uma mulher narcisista e obsessiva. Ela lida com a perda do filho ignorando seu suicídio e tratando seu outro filho, Conrad (Timothy Hutton), de forma fria e distante. Um dia, ela tenta reconectar com Conrad fazendo seu café da manhã preferido, rabanadas. Quando Conrad diz que não está com fome, Beth simplesmente arranca as rabanadas da mesa e joga no triturador de alimentos, deixando Conrad sem entender nada.

Outro recurso é o uso de uma máscara emocional. Por exemplo: o namorado fura o encontro que havia marcado com a namorada e ela se sente rejeitada, mas liga dizendo que está "ótima" ou "ocupadíssima, saindo agora para o cinema". Ou Jamie Lannister empurrando Bran do alto de uma torre e dizendo para Cersei: "O que eu não faço por amor?".

Outra opção é o uso de metáforas ou da linguagem simbólica, lembrando que metáfora é a substituição de algo que você não conhece por algo que você conhece. O roteirista Scott Myers cita a cena do filme *Sideways*, em que o protagonista Miles e Maya, seu par romântico, conversam sobre vinhos preferidos — por que ele prefere o pinot noir. "Requer cuidado e atenção constantes", é "frágil e delicado", "em constante evolução". Claro que eles não estão falando de vinhos, mas de si próprios, como cada um vê o outro.

Gente que escreve subtexto muito bem: David Mamet, Aaron Sorkin, Woody Allen, Quentin Tarantino, Matthew Weiner e Aaron Korsch. E no Brasil, claro, temos Nelson Rodrigues.

PONTO-FINAL

A gente vê (ouve ou lê) histórias para entender a vida, ver a nós mesmos, para sermos melhores do que somos, para aprendermos a encarar as mudanças da vida. Se você é um autor ou um roteirista, vai contar histórias sobre o que você já viveu, sobre o que imagina ser realidade ou sobre o que vê hoje em dia. Você é uma testemunha.

Mesmo em histórias de terror, tudo está ali para entendermos a vida. Por que eu vejo uma história de terror? Porque eu sinto medo, e eu quero sentir medo. Por que eu vejo *The Walking Dead*? Porque eu preciso sentir aquilo, tenho aqueles sentimentos dentro de mim. Tudo numa série de TV procura uma relação emocional com o espectador.

Qual é a principal razão pela qual vemos uma série de ficção? Os personagens, que devem ser complexos, ter dilemas, premissas morais e se revelarem aos poucos. É com os personagens que nos conectamos emocionalmente. É por eles que sentimos simpatia e empatia, nos colocamos em seu lugar. Os personagens despertam a nossa curiosidade e nos fazem querer saber como resolver o mistério, o caso, a doença.

Como a história vai ser contada? Com bons personagens que sejam reais e que falem a verdade. Pegue o caso de *Mad Men*. Don Draper, o personagem central, é fascinante. É um cara que era um desgraçado que morava no fundo de um bordel, filho de uma prostituta e sem família, vai para uma guerra, troca de identidade e se torna o maior publicitário do país, sendo disputadíssimo pelas grandes agências, um homem "de família".

Só que você vai descobrindo isso durante as sete temporadas, e tudo que o personagem faz é consistente com quem ele realmente é. De onde veio a ideia de *Mad Men*? Foi "puxa, eu vou fazer a história sobre o maior cara da publicidade" ou "eu vou fazer uma história sobre o mercado publicitário em que tudo é uma grande mentira, e quem vai conduzir isso é um cara que começa com uma grande mentira"?

Essa grande mentira seria que ele trocou de identidade durante a guerra? "Eu quero falar sobre a mentira da publicidade. Eu vou contar essa história através de um cara que tem uma crise de identidade?" "Eu quero falar sobre a mentira que é a publicidade. Eu vou contar essa história através de um publicitário que rouba a identidade de outro cara." E é assim que a gente constrói uma série: todos em volta dele estão em crise de identidade, pois foram construídos na sua relação com esse tema: a busca de uma identidade ou a posse de uma identidade falsa.

O tema de *Game of Thrones* está no título: é o poder. Quem vai se sentar no trono? Em *Breaking Bad*: como o bem se transforma no mal. O professor de química descobre que está com câncer terminal e que tem dois anos de vida no primeiro episódio: "Vou fazer alguma coisa". Ele é um perdedor, mas ama ser professor de química, produz metanfetamina e ganha gosto pelo poder.

Big Little Lies foi criada a partir de um livro sobre um homem que abusava da esposa e é morto por outra mulher com um passado semelhante. O livro inclui todo o *backstory* de Bonnie, que o empurrou para a morte, porém isso não foi levado para a televisão. Na TV, a história é contada em flashbacks depois do crime e envolve todo o grupo de amigas e as mentiras que elas são obrigadas a contar para proteger tanto Bonnie quanto uma à outra. Essas são as *big little lies* [grandes pequenas mentiras] do título, e é o que une um grupo de amigas em uma sociedade em que todo mundo mente, como a Califórnia.

O mesmo acontece em *Desperate Housewives*. O tema também está no título: donas de casa desesperadas. O título em geral comunica a essência da história.

Como encerrar a série? O autor rigoroso, o canal, o estúdio, o elenco — todos querem que o público sinta saudade daqueles personagens e fique satisfeito com como a trama chegou ao fim, se os personagens foram do ponto A ao ponto B, se tiveram, como dizia Aristóteles, uma *revelação*, se mudaram de estado.

Muitas tramas foram abertas, muitos conflitos aconteceram, muitos personagens apareceram até que a emissora não renovasse a série para a próxima temporada, ou que a história chegasse aonde queria e se esgotaram as camadas do protagonista. Existem várias formas de terminar uma série. Porém, todas devem seguir os princípios básicos da dramaturgia desde o *logline*, que definiu qual o ponto B para onde o personagem deveria caminhar, percorrendo um caminho cheio de pedras e desvios.

Tem séries que terminam abruptamente, seja porque o ator foi acusado de assédio (*House of Cards*, *The Deuce*, *Master of None*), porque foi acusado de maus-tratos com animais (*Lucky*), porque o ator não agradou (*Vinyl*), porque era cara demais (*Rome*) ou porque não emplacou (*Preamar*, da HBO Brasil, em que o público não embarcou). Tem séries que terminam com o último episódio da primeira temporada. Mas nem sempre é assim. Finais espetaculares são planejados. O autor dá à sua audiência uma grande recompensa: o final satisfatório. Outros terminam simplesmente com a morte do protagonista.

Em *The Affair*, a sedutora garçonete Alison, que chacoalhou o coração do protagonista, o escritor Noah, e do ex-marido Cole, morre no final da quarta temporada, porque a atriz Ruth Wilson, que interpretou Alison, quis sair da série por conta da desigualdade salarial entre atores e atrizes. Só que Alison era a alma da história... Era mesmo? Com sua morte, o affair, "o caso", se encerra? Não. Surge uma brilhante ideia para a quinta temporada: o livro que Noah escreveu sobre ela é adaptado para o cinema.

No caso de *Boardwalk Empire*, a série chegou num limite. A história sobre mafiosos que se aproveitam da Lei Seca, que começa no dia em que ela entra em vigor, se encerra quando? Quando a proibição é abolida. E o império de madeira construído sobre areia rui. O protagonista, Nucky Thompson, um personagem real, enfim morre a tiros no chão da *boardwalk* de Atlantic City.

McKee fala que *The Sopranos* não foi adiante justamente porque não tinha mais como descascar Tony Soprano, mais nada do personagem a revelar. O *showrunner* David Chase fala o mesmo. *Breaking Bad* chegou no limite ali. Não tinha mais para onde ir, pois Walter White já tinha se deteriorado e só faltava se redimir com Jesse. *Mad Men* também. Não tinha mais o que tirar, o que mostrar do personagem.

Marta Kauffman, criadora de *Friends*, disse quando esteve no Brasil que a série nunca vai existir de novo. Por que que eles nunca vão fazer um *reboot*? Porque a série é sobre "quando seus amigos são sua família". Depois de ter filhos, depois de certa idade, o grupo principal não poderia ser chamado de "friends". Não tinha mais série. O personagem se transforma conforme o tempo passa. Porém, é o autor quem determina o peso disso. Se a série é sobre certo tema — como *Mad Men* —, então não tem jeito, a série é toda sobre isso. Em *Mad Men*, Don Draper não sofreu uma transformação. Mas Dick Whitman aceitou ser quem era. Na última cena, ele faz o comercial da Coca-Cola. "Eu sou um publicitário." Ele foi a um retiro, depois de surtar: "Eu vou para um sítio hippie para meditar". E teve uma ideia — ou seja, ele é aquilo. Ele não é Dick Whitman, ele é Don Draper. "Eu não sou quem eu acho que sou. Eu sei quem eu sou."

Vince Gilligan definiu essa diferença muito bem: "A televisão autoimpõe uma estática para o personagem para que a série dure anos. Quando me dei conta disso, o próximo passo foi pensar: 'Como fazer uma série em que o movimento fundamental seja a transformação?'". E lá foi ele escrever um piloto que hoje é considerado um grande clássico da literatura americana do século XX.

Tony Soprano não se cura. Não se cura, porém... Ele morre? Vai preso pelo FBI? Na tragédia, o personagem não muda?

No cinema você tem duas horas com a pessoa presa dentro de uma sala e tem de resolver tudo ali. Na série, não. Você tem anos para contar a história de pessoas. A não ser que o objetivo do autor seja fazer essa transformação ficar aparente, a mudança será subconsciente; o personagem não sabe que ele precisa daquilo.

Em *Big Little Lies*, as protagonistas matam o estuprador. Mas elas não mudam, continuam amigas. E a ex-mulher, abusada durante anos, continua sentindo tesão ao lembrar do cara com ela. E procura homens em bares para reviver a toxicidade de uma relação.

A TENACIDADE DO ROTEIRISTA

Matthew Weiner teve sua série, *Mad Men*, rejeitada de todas as formas possíveis: reclamaram primeiro do excesso de cigarro no piloto, que se passa nos anos 1960, de que o protagonista não era bom no trabalho dele etc. Seu primeiro *pitch* foi horrível. A HBO rejeitou a série quatro vezes. Mas outros roteiristas leram e gostaram, então Weiner não desistiu. Ele continuou a mostrar o piloto para outros roteiristas, na esperança de que alguém o mostrasse a David Chase.

E deu certo. Chase leu o piloto, gostou e chamou Weiner para fazer parte da sala de *The Sopranos*, uma coisa que Weiner nunca imaginou fazer, porque ele escrevia comédia. E David mostrou *Mad Men* pra a HBO de novo. Quatro anos depois, o AMC topou fazer a série. Nesse meio-tempo, Weiner foi amadurecendo a proposta e ajustando a história.

Um erro comum entre roteiristas é se apegar demais a uma ideia ou a algum conceito. Qualquer crítica se torna pessoal, como se fosse feita ao roteirista, em vez de ao projeto específico. É um resquício do culto à personalidade, que vem da esfera dos diretores. Cabe, portanto, comentar os erros mais comuns cometidos por roteiristas. São eles:

1. Achar que uma ideia é suficiente. Ter apenas uma ideia na cabeça não funciona. O roteirista precisa contextualizar sua história, pensar na longevidade da série, identificar uma franquia e pensar se é interessante para o business. Toda história tem um propósito e uma audiência. A história precisa ter longevidade suficiente para conquistar o público e ser interessante para que o negócio seja sustentável.

2. Sem o *logline* não se tem uma história, pois ele é responsável pela alma da história e pela franquia, presente em todos os

episódios e que define uma série. Quando se quer contar uma ideia para um produtor, tem-se o *logline* pronto. São os quinze minutos necessários para emplacar uma série. Mesmo que o produtor não exija o *logline*, é um bom exercício fazer um, ao menos na sua cabeça, pois é daí que vão sair as histórias em todos os episódios.

3. O autor, o produtor ou o diretor precisam conhecer a sua audiência, o seu interlocutor e a plataforma para quem querem trabalhar.

4. Os roteiristas precisam valorizar a cultura. Você conhece Buster Keaton? Lucile Ball? O quadro semiótico? Consegue pensar em referências literárias? E da cultura pop? E de filosofia? Se a resposta é não, você não está pronto para escrever. A grande questão de Aristóteles era entender como vivemos a vida — é por isso que, para ele, e para qualquer um, ouvimos e contamos histórias.

5. Escrever é reescrever. A primeira coisa que alguém escreve é o que mais conhece, e isso é um clichê. A escrita vem de tudo que o autor aprendeu, viu e está fresco na memória. Os autores precisam mergulhar na ideia, fazer muita pesquisa e pensar em várias maneiras para achar o melhor caminho, enxugar textos prolixos e eliminar excessos. Criatividade vem de experimentação: pensar em vinte maneiras de fazer uma coisa, para achar uma boa. Quando se entrega um roteiro pronto, ele já passou por diversas revisões, com passadas de conceito, de personagem, de cenas.

6. Vício de diálogo. Quando está empacado numa cena, o roteirista tem a tendência de "melhorar" o diálogo, deixar mais explanatório, colocar palavras desnecessárias. Quando se empaca numa cena, em geral o problema está no que veio antes, na construção da cena, e não no diálogo. Um roteiro não se faz em cima do diálogo, isso é coisa do rádio.

Enxugar o que se escreve é fundamental. Se o autor puder usar menos palavras e comunicar sua ideia, é um sinal de que há palavras desnecessárias. As cenas precisam respirar. Uma dica para o roteirista é escrever tudo, em excesso. Em seguida, ler as páginas em voz alta. Vai perceber que é preciso adicionar silêncios, que há palavras em excesso, que muitas podem ser substituídas pelo subtexto. Uma boa cena começa "um pouco depois" — corte amenidades desnecessárias e pule para ação — e "termina um pouco antes", amarre a cena com uma fala final.

Pediram a Ernest Hemingway para escrever uma história com seis palavras. Ele escreveu: "À venda. Sapatinhos de bebê. Nunca usados".

7. Criar uma série com a estrutura de um filme é, muitas vezes, um equívoco, além de perder uma oportunidade. É comum ouvir hoje que uma série de streaming é como mergulhar num bom livro, mas é preciso obedecer a algumas convenções da narrativa audiovisual: se o disparador da história acontece apenas no quarto episódio, há grandes chances de o público desistir antes disso.

8. Se dois personagens têm a mesma Gestalt, a mesma atitude perante a vida, o bom roteirista os combina em um personagem só. É sinal de que não precisa haver dois. Sempre que puder, combine personagens e reduza o universo da série.

9. O bom roteirista assiste a séries e lê roteiros. Assiste de tudo. Dizer que não gosta de *Drop Dead Diva* ou *Schitt's Creek* ou *Rectify* é um erro. Precisa ver *Mary Tyler Moore. Catastrophe. Barry. Justified. Fauda. Glee.* Assim ele está fazendo pesquisa.

10. Um bom roteirista escreve todos os dias. Escreve sempre.

E, como chegamos ao final deste livro, pense na sua série como um projeto de jardinagem. Primeiro você vai decidir o que quer plantar, depois pesquisar, fazer a semente germinar e trabalhar nela até que dê flores e frutos. Apaixone-se pela estrutura, ame o subtexto, identifique-se com os personagens, lapide ideias originais até virarem séries. Nós mesmos discordamos em muitos títulos mencionados no livro, mas na indústria do entretenimento também é assim: livros formulaicos existem aos montes, mas ninguém tem a "fórmula" exata para o sucesso. Todas essas ferramentas vão ajudar você a aprimorar a criação da sua série para que não seja apenas mais uma. E vão fazer você apreciar a produção de histórias incríveis, que não param de ser criadas.

Apêndices

LISTA DAS DEZ MAIS

Cada publicação, digital ou impressa, costuma fazer a sua lista das dez melhores séries do ano ou de todos os tempos. Claro que não é uma pesquisa empírica, até porque não ganha quem chega na frente. Critérios subjetivos, de seus times de analistas e críticos ou leitores, escolhem os vencedores, os dez mais. É divertido. *The Wire* é quase uma unanimidade, presente na maioria. Assim como *Seinfeld* e *The Sopranos*. Vale a consulta e serve como indicação:

LISTAS DAS DEZ MAIS

WGA (2013)	TV GUIDE (2013)	EMPIRE (2016)	ROLLING STONE (2016)
The Sopranos	The Sopranos	The Wire	The Sopranos
Seinfeld	Seinfeld	Breaking Bad	The Wire
The Twilight Zone	I Love Lucy	The West Wing	Breaking Bad
All in the Family	All in the Family	Os Simpsons	Mad Men
M*A*S*H	The Twilight Zone	Friends	Seinfeld
The Mary Tyler Moore Show	The Wire	Battlestar Galactica	Os Simpsons
Mad Men	The Mary Tyler Moore Show	Game of Thrones	The Twilight Zone
Cheers	M*A*S*H	Oz	All in the Family
The Wire	Breaking Bad	The Black Adder	Freaks and Geeks
The West Wing	Os Simpsons	The Killing	Game of Thrones

IGN (2018)	INSIDER (2019)	EMPIRE (2019)	IMDB (2019)
The Wire	The Wire	The Wire	Band of Brothers
The Sopranos	Fargo	Breaking Bad	Chernobyl
The Twilight Zone	The Sopranos	The West Wing	Breaking Bad
Breaking Bad	Arrested Development	Os Simpsons	The Wire
Jornada nas Estrelas	Dexter	Friends	Game of Thrones
I Love Lucy	The Shield	Battlestar Galactica	Rick and Morty
Mad Men	Rick and Morty	Game of Thrones	The Sopranos
Lost	Game of Thrones	Oz	Avatar: A lenda de Aang
Os Simpsons	Rome	Blackadder	Sherlock
Seinfeld	Band of Brothers	The Killing	The Twilight Zone

AS MELHORES DE CADA ANO: ROTTEN TOMATOES E ROLLING STONE

ROTTEN TOMATOES

2015	2016	2017	2018	2019
Better Call Saul	Atlanta	Alias Grace: Miniseries	Homecoming	BoJack Horseman
Fargo	Insecure	Master of None	Barry	Big Mouth
The Americans	Transparent	Dear White People	Killing Eve	The Good Place
Catastrophe	Search Party	The Good Place	Atlanta: Robbin' Season	Watchmen
Deutschland 83	Catastrophe	Stranger Things	Cobra Kai	Mr. Robot
The Knick	Unbreakable Kimmy Schmidt	Insecure	Glow	Godfather of Harlem
Game of Thrones	The Americans	The Handmaid's Tale	The Good Place	Stumptown
Master of None	You're the Worst	Catastrophe	Vida	Looking for Alaska
Demolidor	Fleabag	American Crime	Better Call Saul	The End of the F***ing World
Mr. Robot	BoJack Horseman	Sneaky Pete	Sharp Objects	Undone

ROLLING STONE

2015	2016	2017	2018	2019
Mr. Robot	Atlanta	Twin Peaks: The Return	Atlanta	Fleabag
Mad Men	The People v. O. J. Simpson	The Young Pope	The Americans	Watchmen
Broad City	Stranger Things	The Leftovers	BoJack Horseman	Boneca russa
The Americans	Black Mirror	The Good Place	Killing Eve	Better Things
Difficult People	Full Frontal w/ Samantha Bee	The Deuce	My Brilliant Friend	Unbelievable
Empire	The Americans	Patton Oswalt: Annihilation	Better Call Saul	Chernobyl
Fargo	Game of Thrones	Rick and Morty	Big Mouth	Lodge 49
Veep	Fleabag	Insecure	Barry	Ramy
Better Call Saul	Orange Is the New Black	Stranger Things	Sharp Objects	Pose
BoJack Horseman	Transparent	Game of Thrones	Pose	David Makes Man

AS MELHORES SÉRIES DE 2019

NEW YORK TIMES	USA TODAY	THE RINGER	ROTTEN TOMATOES
Better Things	Fleabag	Fleabag/ Succession	BoJack Horseman
Catastrophe	Leaving Neverland	Watchmen	Big Mouth
Documentary Now!	Chernobyl	Los Espookys	The Good Place
Fleabag	Back to Life	Mindhunter	Watchmen
Pen15	When They See Us	Gourmet Makes	Mr. Robot
Boneca russa	Watchmen	Tuca and Bertie	Godfather of Harlem
Succession	Dead to Me	What We Do in the Shadows	Stumptown
Unbelievable/ When They See Us	Undone	Unbelievable	Looking for Alaska
Undone	Unbelievable	Boneca russa	The End of the F***ing World
Watchmen	Shrill	Too Old to Die Young	Undone

VULTURE: MATT ZOLLER	VULTURE: JEN CHANEY	VULTURE: KATHRYN VANARENDONK	VULTURE: ANGELICA BASTIEN
When They See Us	Fleabag	Fleabag	Watchmen
Better Things	Unbelievable	Succession	Boneca russa
Succession	Barry	Unbelievable	Mindhunter
Boneca russa	Watchmen	Watchmen	Fleabag
Euphoria	Succession	Boneca russa	I Am the Night
Fleabag	BoJack Horseman	Lodge 49	Unbelievable
The Kingdom	Veep	Dickinson	Primal
The Dark Crystal: Age of Resistance	A Black Lady Sketch Show	The Good Fight	The Good Place
Deadwood: The Movie	Pen15	Couples Therapy	Bob's Burgers
Sherman's Showcase and Documentary Now!	You're the Worst	What We Do in the Shadows	Doom Patrol

COMPLEX	ESQUIRE	VARIETY	ROLLING STONE
Succession	Boneca russa	Years and Years	Fleabag
Watchmen	I Think You Should Leave	Pen15	Watchmen
Mr. Robot	Pen15	Fleabag	Boneca russa
Barry	Dead to Me	When They See Us	Better Things
Snowfall	Schitt's Creek	Fosse/ Verdon	Unbelievable
Better Things	Sex Education	Unbelievable	Chernobyl
The Other Two	The Other Two	I Think You Should Leave	Lodge 49
When They See Us	Pose	Succession	Ramy
Euphoria	The Good Place	Euphoria	Pose
The Righteous Gemstones	Barry	The Other Two	David Makes Man

AS MELHORES SÉRIES DA DÉCADA: 2010-9

EW: KRISTEN	EW: DARREN	THE AV CLUB	THE GUARDIAN
The Leftovers	Mad Men	Breaking Bad	Mad Men
The Good Fight	Atlanta	Mad Men	The Thick of It
Mad Men	Twin Peaks: The Return	Atlanta	Breaking Bad
American Crime Story	Hora da aventura	Parks and Recreation	Game of Thrones
Better Things	Community	The Americans	Fleabag
Veep	American Crime Story	The Good Place	Peep Show
Orange Is the New Black	The Good Fight	The Leftovers	Atlanta
Brooklyn Nine-Nine	Hannibal	Bob's Burgers	Happy Valley
The Fall	BoJack Horseman	30 Rock	30 Rock
The Comeback	The Trip	Fleabag	Line of Duty

HOLLYWOOD REPORTER	INDIE WIRE	VANITY FAIR	TV LINE
Parks and Recreation	The Leftovers	BoJack Horseman	Rectify
Rectify	Fleabag	Twin Peaks: The Return	Mad Men
Mad Men	Breaking Bad	Enlightened	Justified
Breaking Bad	BoJack Horseman	Steven Universe	The Good Wife
30 for 30	Hannibal	Better Call Saul	Game of Thrones
BoJack Horseman	Veep	Atlanta	Friday Night Lights
Halt and Catch Fire	30 Rock	Rectify	Fargo
The Leftovers	The Americans	Fleabag	Breaking Bad
Atlanta	Parks and Recreation	Broad City	Better Call Saul
Better Things	Atlanta	The Great British Baking Show	The Americans

ESQUIRE	TV GUIDE	ROLLING STONE	THE YOUNG FOLKS
Atlanta	The Americans	The Leftovers	The Good Place
Breaking Bad	Veep	Parks and Recreation	Brooklyn Nine-Nine
Mad Men	The Leftovers	Breaking Bad	Schitt's Creek
The Americans	Justified	BoJack Horseman	Game of Thrones
Fleabag	Atlanta	Fleabag	Stranger Things
Black Mirror	Better Call Saul	The Americans	Fleabag
Bob's Burgers	Fleabag	Atlanta	Jane the Virgin
Parks and Recreation	Schitt's Creek	Justified	Atlanta
Veep	Rectify	Rectify	Superstore
Game of Thrones	Game of Thrones	Better Things	Parks and Recreation

AS MELHORES SÉRIES DE 2020

NEW YORK TIMES	THE AV CLUB	THE RINGER	ROTTEN TOMATOES
Better Call Saul	I May Destroy You	I May Destroy You	The Baby-Sitters Club
Better Things	Mrs. America	Better Call Saul	Pen15
The Good Lord Bird	BoJack Horseman	The Crown	Schitt's Creek
City So Real	What We Do in The Shadows	Small Axe	Feel Good
I May Destroy You	The Good Place	ZeroZeroZero	The Virtues
Keep Your Hands Off Eizouken!	Better Call Saul	Mrs. America	What We Do in the Shadows
Mrs. America	The Queen's Gambit	Ted Lasso	P-Valley
Normal People	Schitt's Creek	P-Valley	Dash & Lily
Pen15	The Great	Gangs of London	Giri/Haji
P-Valley	Never Have I Ever	The Real Housewives Salt Lake City	Immigration Nation

ESQUIRE	THE ATLANTIC	ROLLING STONE	THE NEW YORKER
The Undoing	Pen15	Better Call Saul	The American Barbecue Showdown
The Mandalorian	I May Destroy You	Lovecraft Country	Ramy
The Great British Bake Off	The Crown	Brockmire	I May Destroy You
The Queen's Gambit	Normal People	I May Destroy You	Harley Quinn
I Know This Much Is True	How to With John Wilson	The Good Lord Bird	City So Real
Away	The Queen's Gambit	Normal People	Teenage Bounty Hunters
Pen15	The Last Dance	What We Do in The Shadows	Normal People
Taste the Nation	Insecure	We Are Who We Are	The Plot Against America
Lovecraft Country	Dare Me	How to with John Wilson	P-Valley
Mythic Quest	Hard Knocks	Pen15	How to with John Wilson
Dead to Me	Mrs. America	Bluey	Keep your Hands Off Eizouken!
I May Destroy You	Ted Lasso	Better Things	The Good Lord Bird
I'll Be Gone in the Dark	Selling Sunset	My Brilliant Friend	Veneno
Perry Mason	Taste the Nation	Dave	Doc McStuffins
The Great	BoJack Horseman	The Great	

VULTURE: MATT ZOLLER	VULTURE: JEN CHANEY	VULTURE: KATHRYN VAN ARENDOK	COMPLEX
I'll Be Gone in The Dark	I May Destroy You	I May Destroy You	Fargo
The Good Lord Bird	Unorthodox	The Good Lord Bird	Better Call Saul
I May Destroy You	I'll Be Gone in The Dark	City So Real	Curb Your Enthusiasm
How to With John Wilson	BoJack Horseman	How to with John Wilson	I May Destroy You
What We Do in The Shadows	Pen15	What We Do in The Shadows	Better Things
The Mandalorian	The Good Lord Bird	Mrs. America	Insecure
City So Real	Normal People	P-Valley	Dead to Me
Better Call Saul	The Queen's Gambit	The Crown	Ozark
Mrs. America	High Fidelity	The Baby-Sitters Club	Normal People
Lovecraft Country	Mrs. America	The Great	Gangs of London

THE HOLLYWOOD REPORTER: INKOO KANG	HOLLYWOOD REPORTER: DANIEL FIENBERG	BUZZFEED	VARIETY
My Brilliant Friend	I May Destroy You	I May Destroy You	BoJack Horseman
Mrs. America	How to with John Wilson	The Queen's Gambit	Mythic Quest
P-Valley	Better Call Saul	Normal People	Steven Universe
I May Destroy You	Better Things	Schitt's Creek	Harley Quinn
The Crown	City So Real	Never Have I Ever	Betty
The Good Lord Bird	Immigration Nation	Lovecraft Country	I May Destroy You
Visible: Out on television	The Queen's Gambit	The Good Place	Immigration Nation
What We Do in the Shadows	Brockmire	Ted Lasso	Ted Lasso
Harley Quinn	P-Valley	Insecure	Pen15
On the Record	Dave	Zoey's Extraordinary Playlist	The Amber Ruffin Show
Big Mouth	Betty	The Crown	How to with John Wilson
The Boys	Desus & Mero	Julie & The Phantoms	City So Real
Cheer	Harley Quinn	Pen15	I Hate Suzie
Dave	Lovecraft Country	Sex Education	
The Good Fight	My Brilliant Friend	Better Call Saul	

JARGÕES DA INDÚSTRIA

Act out: fim de um ato, em geral com um gancho para o próximo.

Beat: é o *plot point*, um momento crucial da trama, a ação primordial. Ou seja, é algo que move a história. De acordo com Robert McKee, o *beat* é o menor elemento da estrutura dramática.

Beat-sheet: lista de *beats*, funciona como uma "pré-escaleta" e é o esqueleto de um roteiro, na qual as cenas estão na mesma ordem em que estarão no roteiro, identificadas apenas pela ação primordial.

Dark cloud: pessoa que, dentro da sala de roteiro, não gosta de nada e critica tudo. Você não quer ser esse porre!

Enciclopédia: pessoa que, dentro da sala de roteiro, se lembra de todos os detalhes da série, do que aconteceu em todos os episódios e diálogos.

Gang bang: roteiro que precisa ser entregue na manhã seguinte.

Hang a lantern/ Shine a light: dar destaque.

Laying pipe: um personagem precisa explicar algo para um evento acontecer lá na frente.

Logic nazi: pessoa que, dentro da sala de roteiro, fica questionando a lógica da história e achando inconsistências.

Logline: é uma frase que define a série e contém o gancho e a alma da história. No *logline* se identificam o "motor dramático" que gera histórias e o potencial de longevidade da série. Tem um protagonista, uma ação e um objetivo ou desafio/obstáculo, de preferência contendo um valor.

Outline: é o que no Brasil equivale à "escaleta", a lista de cenas do roteiro escrita em prosa. Cada cena já vem com o cabeçalho e é descrita de forma a incluir o tom, personagens e a emoção. Raramente se inclui diálogo na escaleta.

Pitch: é a apresentação oral da série, incluindo temas, personagens principais e franquia. Muitas vezes, o piloto também. Dentro da sala, é a apresentação verbal da ideia ou da cena, um discurso vendedor. O termo em inglês não tem uma tradução direta em português no contexto das produções audiovisuais.

Plot: trama ou enredo. É a cadeia de eventos narrativos que acontecem no episódio, na temporada ou na série.

Plotline: é cada uma das tramas. Uma série tem diversos *plotlines*. Em menor escala, existem vários *plotlines* por episódio. Em uma escala mediana, existem os *plotlines* da temporada, que são formados pelos *plotlines* dos episódios. Por fim, existem os *plotlines* da série, que englobam os outros dois.

POD: sigla de *Production Overall Deal* [Acordo de Produção Geral]. É um contrato firmado entre um estúdio e um produtor que já trabalharam juntos e confiam um no outro, que garante ao estúdio que o produtor vai levar ideias de séries primeiro para eles. Apenas após a ideia ser rejeitada é que o produtor pode levá--la para outro estúdio. Em compensação, esse contrato garante ao produtor que as ideias que levar para o estúdio serão ouvidas.

Procedural: gênero de série focada no trabalho do personagem. Pode ser traduzido como "procedimento". O foco é o trabalho, seja de médicos, advogados ou policiais — e essas são as profissões mais comuns porque lidam com os maiores riscos de vida e morte, prisão e liberdade.

Schmuck bait: tensão falsa.

Setpieces: as cenas mais fortes de um roteiro, em que a ação, o lugar e o gênero combinam, fazendo destas as que melhor ilustram a história.

Spec script: é um roteiro escrito por especulação, ou seja, sem ser pago. O roteirista pega uma série com a qual tem mais afinidade e que já está no ar e escreve um episódio completamente novo, como se fosse parte da equipe de roteiristas. Por muito tempo, os *showrunners* contratavam roteiristas por seus *spec scripts*, pois queriam saber se os roteiristas conseguiriam escrever com a voz de outra pessoa.

Storyline: É a sinopse da série, na qual toda a história está resumida, com começo, meio e fim. Assim como o *logline*, tem um protagonista, um valor, uma ação, um objetivo com um desafio/ obstáculo. A diferença é que a *storyline* conta como o objetivo é alcançado ou o obstáculo é vencido.

Tag: piada recorrente, que fecha o episódio.

Teaser: os primeiros minutos do episódio, em geral uma cena ou duas, que engaja a audiência na história.

Upfront: é um grande evento para anunciantes e para o mercado publicitário, que ocorre sempre em meados de maio em Nova York. É nesse evento que os pilotos de possíveis novas séries são apresentados.

Referências bibliográficas

ALESSANDRA, Pilar. *The Coffee Break Screenwriter: Writing Your Script Ten Minutes at a Time*. San Francisco, CA: Michael Wiese Productions, 2011.

ARISTÓTELES. *Metafísica*. Trad. de Marcelo Perine. São Paulo: Loyola, 2002.

_____. *Poetics*. Londres: Penguin Classics, 1997.

GIRARD, René. *Deceit, Desire, and the Novel: Self and Other in Literary Structure*. Baltimore: Johns Hopkins Press, 1965.

IGLESIAS, Karl. *Writing for Emotional Impact: Advanced Dramatic Techniques to Attract, Engage, and Fascinate the Reader from Beginning to End*. Livermore: WingSpan, 2011.

MARTIN, Brett. *Homens difíceis: Os bastidores do processo criativo de Breaking Bad, Família Soprano, Mad Men e outras séries revolucionárias*. São Paulo: Aleph, 2015.

MCKEE, Robert. *Story: Substance, Structure, Style and the Principles of Screenwriting*. Nova York: Regan Books, 1997.

_____. *Dialogue: The Art of Verbal Action for Page, Stage, and Screen*. Paris: Hachette, 2016.

PARAIZO, Lucas. *Palavra de roteirista*. São Paulo: Senac, 2015.

SEPINWALL, Allan. *TV (The Book): Two Experts Pick the Greatest American Shows of All Time*. Paris: Hachette, 2016.

VUILLARD, Éric. *A ordem do dia*. Trad. de Sandra Stroparo. São Paulo: Tusquets, 2019.

Sobre os autores

Jacqueline Cantore é uma executiva de televisão com vasta experiência em conteúdo, seja na criação e desenvolvimento de séries originais ou em programação. Reconhecida pela capacidade de administrar visões criativas e gestão de negócios em ambientes complexos, multiplataforma e multiculturais, Jacqueline tem extenso conhecimento dos mercados de televisão na América Latina, nos Estados Unidos, na Espanha, no Japão e na Índia. Depois de mais de vinte anos atuando no mercado internacional, voltou a trabalhar com o Brasil em 2013 como consultora do Grupo Globo e de produtoras independentes na criação e no desenvolvimento de séries de ficção. Suas fontes são: Robert McKee, DMA (Donna Michelle Anderson), Pilar Alessandra, Richard Hatem, Karl Iglesias, David Isaacs, Matt Witten, Aaron Sorkin, Marta Kauffman, Anthony Zuiker, Darren Star, Dave Trottier, Steve Kaplan, Lucas Paraizo, Ellen Sandler.

Marcelo Rubens Paiva é escritor, dramaturgo e roteirista. É graduado em Rádio & TV pela USP, em dramaturgia pelo CPT do Sesc-SP, e foi bolsista em 1994-5 da Knight Fellowships na Universidade Stanford. Apresentou e fez roteiros para os programas *Olho mágico* da TVA, *Leitura livre* e *Fanzine* da TV Cultura, episódios para as séries *Vida ao vivo*, com Pedro Cardoso, e *Sexo frágil*, com Guel Arraes, da Rede Globo, *Aventuras de Tiazinha*, com Mauro Lima, para a Band TV. Foi indicado ao Emmy pelo roteiro da série *O homem mais forte do mundo*, com Afonso Poyard, da TV Globo, e foi quatro vezes indicado a Melhor Roteirista pela Academia Brasileira de Cinema. Ganhou o prêmio da ABL pelo roteiro de *Malu de bicicleta*, três prêmios Jabuti de literatura com *Feliz ano velho*, *Ainda estou aqui* e *O menino e o foguete*, e um prêmio Shell de teatro por *Da boca pra fora*.

ESTA OBRA FOI COMPOSTA PELA ABREU'S SYSTEM EM INES LIGHT
E IMPRESSA EM OFSETE PELA LIS GRÁFICA SOBRE PAPEL PÓLEN SOFT
DA SUZANO S.A. PARA A EDITORA SCHWARCZ EM MARÇO DE 2021

A marca FSC® é a garantia de que a madeira utilizada na fabricação do papel deste livro provém de florestas que foram gerenciadas de maneira ambientalmente correta, socialmente justa e economicamente viável, além de outras fontes de origem controlada.